MTS
가정 행복 학교

교회성장연구소

인사말

우리는 각자의 고유한 이름을 가지고 있습니다. 동시에 우리에게는 공통으로 지녀야 할 또 다른 이름이 있습니다. 바로 '작은 예수' 입니다.

'작은 예수' , 이것은 우리의 정체성이자, 삶의 목표가 되어야 합니다. 예수님의 가르침이 우리의 입을 통해 전파되어야 하고, 예수님의 사랑이 내 손을 통해 나눔으로 이어져야 합니다. 예수님의 발자국이 우리가 가야 할 길이 되어야 하고, 예수님의 마음이 우리의 성품을 지배해야 합니다.

이 세대에 이러한 '작은 예수' 들이 절실히 필요합니다. 나부터 작은 예수가 되기를 소원해야 하고, 더불어 우리 모두가 작은 예수라는 공통된 이름을 가져야 합니다. 서로가 각기 다른 존재이지만 작은 예수라는 같은 이름으로 하나 될 때, 그리고 그 이름에 걸맞게 예수 향기를 이 세상에 발할 때, 하나님 나라는 더욱 아름답고 넓게 확장되어 갈 것입니다.

그렇다면, 어떻게 해야 작은 예수로서 살아갈 수 있을까요? 어떻게 해야 이 땅이 작은 예수들로 가득 넘칠 수 있을까요? 우리는 예수님의 사역에서 그 원리를 배울 수 있습니다. 예수님께서는 사랑하는 제자들을 세우셨고, 훈련시키셨습니다. 하나님의 뜻을 그들에게 가르치셨고 그 가르침대로 실천하게 하셨습니다. 그리고 무엇보다 그 훈련의 원리는 예수님께서 먼저 본이 되어 주시는 것이었습니다.

작은 예수들이 무수히 일어나기 위해서, 예수님께서 제자들에게 행하셨던 그 훈련이 우리 가운데 시작되어야 합니다. 이러한 비전을 품고 본격적으로 MTS 개정판을 출간하게 되었습니다. 특히 이번 개정판은 평신도 모두가 작은 예수화 되는 것을 목표로 삼고 있습니다. 머릿속에만 맴도는 지식 전수가 아니라, 삶의 변화를 이끄는 MTS를 기획하고 구성하게 된 것입니다.

MTS는 소그룹에서 활용하기에 더없이 유익한 교재입니다. 작은 예수가 되기 위한 핵심적인 내용을 소그룹 구성원과 함께 배우고 익힐 수 있습니다. 그리고 그 배움이 앎으로만 그치지 않고, 각자의 삶의 자리에서 열매 맺도록 도와줍니다. 함께 생각과 삶을 나누고 점검할 수 있는 기회를 마련해 주는 것입니다. MTS를 통한 교육과 훈련은 단지 공부가 아니라, 교제이자 선교이며 삶의 예배입니다.

또한 MTS는 총 10개의 학교로 진행됩니다. 이것은 평신도들이 균형 있는 신앙생활을 할 수 있도록 돕습니다. 예수님을 따르기 위해 필요한 핵심 사항들을 체계적으로 정리하여 편성하였기 때문에 누구나 쉽게 배우고, 익히고, 나눌 수 있습니다.

MTS 개정판을 통해 이 땅에 작은 예수가 더 많이 세워지기를 소망합니다. 그렇게 세워진 작은 예수들이 가정과 교회를 변화시키고, 더 나아가 우리 사회와 나라의 희망이 되기를 꿈꾸어 봅니다.

2012. 9

여의도순복음교회 담임목사 이 영 훈

들어가는 말

가정 행복 학교는 가정의 본질을 찾고 성경적인 가정을 세워나가기 위한 과정입니다. 가정이 작은 교회이자, 작은 천국이 될 수 있도록 반드시 알아야 할 사항들을 배우고 나누게 됩니다.

총 8과로 구성된 가정 행복 학교는 세 단계로 분류됩니다.

첫 번째 단계는 가정에 대한 기본 이해를 다지는 과정입니다. 성경에서 말하는 가정의 의미가 어떠한지 살펴봄으로써, 가정의 본질을 깨닫고 가정의 사명을 이해하게 됩니다.

두 번째 단계는 각 구성원의 역할에 대해서 배우는 과정입니다. 행복한 부부가 되기 위해 알아야 할 사항들을 비롯하여 부모의 역할과 자녀의 역할에 대해서 살펴보고, 이로써 각자가 맡은 책임과 사명을 온전히 감당할 수 있도록 도움을 줍니다. 그뿐만 아니라, 성경적이고 올바른 자녀 양육에 대해 다룸으로써, 자녀를 하나님의 사람으로 세우기 위한 필수적인 부분들을 배울 수 있게 됩니다.

세 번째 단계는 가정이 서로 연합하기 위해 기억하고 실천해야 할 부분들을 숙지하는 과정입니다. 곧 가정이 어떻게 신앙생활을 해야 할지, 위기를 어떻게 극복해 나갈 수 있는지에 대해서 배우게 됩니다. 이를 통해 가정 회복의 근본적인 방안을 마련하고, 건강한 가정을 지켜 나가는 계기를 마련하게 됩니다.

가정 행복 학교 과정을 통하여 하나님께서 기뻐하시는 가정이 세워지고, 그런 가정들로 말미암아 건강한 사회 분위기가 조성되고 아름다운 미래를 함께 바라볼 수 있는 나라가 만들어질 수 있기를 기대해 봅니다. 그리고 오늘날의 많은 가정 문제가 회복되고 치유될 수 있기를 기도하고 소망합니다.

MTS를 소개합니다

1. MTS 소개

| 목적 |

- MTS는 SFS(Spiritual Formation Series – 영적 성장 시리즈)로서, 평신도를 작은 예수의 삶을 사는 사역자로 세우는 시스템입니다.
- 평신도 사역자를 체계적으로 양육할 수 있는 시스템을 교회에 제공합니다.

| 특징 |

- MTS(Ministry Training School, 평신도 사역자 훈련 학교)는 평신도를 작은 예수의 삶을 살도록 하기 위해서 제자훈련, 셀 그리고 멘토링과 코칭의 원리를 통합적으로 접목한 훈련 시스템입니다.
- 약 2년이라는 단기간에 10가지 과정을 훈련함으로써 사역에 필요한 사명과 자질을 준비할 수 있습니다.

| 실행 및 운영 |

- 인원은 개 교회에 따라 대략 다음과 같이 구성할 수 있습니다.

규모	인원
소형 교회	5–10명
중형 교회	10–20명
대형 교회	20–40명

- 대그룹 모임과 소그룹 모임이 필요한데, 대그룹 모임은 전체 인원이 함께 모입니다. 소그룹 모임은 한 그룹 당 5–7명씩 묶습니다.
- 모임은 주제 강의, 소그룹 토론 및 기도회 등으로 이루어집니다.
- 약 2년 과정을 마친 사람들을 다양한 사역 현장으로 파송합니다.

| 구성 |

- 먼저 **정규 과정**은 작은 예수의 삶을 살기 위한 '그리스도 알아가기, 따라하기, 섬기기'라는 목표 아래 평신도를 사역자로 세우는 과정입니다.
- 또한 **특별 과정**은 정규 과정을 이수한 사람들이 실제적인 삶에서 작은 예수로 성장하도록 돕기 위한 심화 과정입니다.

2. MTS 약자의 의미

| 명칭 |

Ministry 사역자
Training 훈련
School 학교

| 역할 |

Mentoring or Modeling 가르치는 자의 역할
Training 배우는 자의 역할
Systematizing 시스템을 통해 운영

| 단계 |

Making Believers 신자화
Training as Disciples 제자화
Serving as Workers 사역자화

3. 정규 과정의 구성 및 기간

1) **신자화 과정** : 그리스도 알아가기(1개월 차 평신도)
신앙 입문 학교(4주)

2) **제자화 과정** : 그리스도 따라가기(1년 차 평신도)
성경 가이드 학교(8주) – 큐티 학교(4주) – 예배 학교(8주) – 성령 학교(8주) / 성령축제(인텐시브 코스)

3) **사역자화 과정** : 그리스도 섬기기(2년 차 평신도)
소그룹 리더 학교(8주) – 전도자 훈련 학교(8주) – 새가족 양육자 학교(8주) – 가정 행복 학교(8주) – 기도 학교(8주)

4. 특별 과정의 구성

특별 과정은 일정한 순서가 정해져 있지 않습니다. 일반 과정을 수료한 사람 혹은 교회의 필요에 따라 원하는 학교를 교육받을 수 있습니다.

특별 과정은 분야별로 다음과 같이 분류됩니다.

MTS 특별 과정	• 교회 성장 학교 • 부흥 학교 • 주일 교사 학교 • 사랑받기 위해 태어난 사람
	• 조용기 목사의 리더십 학교 • 셀프 리더십 학교 • 리더십 개발 학교
	• 4차원의 영성 리더십 학교 • 4차원의 영성 중보 기도 학교 • 4차원의 영성 전도 학교
	• 4차원의 영성 학교 • 영적 교제 학교 • 찬양 학교 • 하나님의 소명 학교
	• 가정 성장 학교 • 결혼 예비 학교
	• 크리스천 웰빙 학교 • 크리스천 재정 학교 • 사회 봉사 학교 • 대화 학교

5. MTS 모임 형태와 순서의 예시

※ 예시 자료이므로, 각 교회의 상황에 맞게 바꿔서 활용할 수 있습니다.

시간	순서	담당자	진행방법
6:40 – 7:00	찬양	봉사자들	찬양으로 모임을 시작합니다.
7:00 – 7:10	기도	봉사자들	강의 시작 전 함께 기도합니다.
7:10 – 7:30	주제 강의	담임 목회자	20분 동안 교재의 내용을 쉽고 재미있게 강의 형태로 진행합니다.
7:30 – 7:40	티타임	봉사자들	소그룹별로 흩어지는 과정에서 잠시 교제하며 차를 마십니다.
7:40 – 8:20	소그룹 모임	소그룹 리더	4W : Welcome(아이스브레이크), Word(주제강의 반복), Witness(삶의 나눔), Work of Prayer(기도 사역). ※ 목회자는 매주 1개 그룹씩 돌아가면서 참석합니다.
8:20 – 8:40	대그룹 기도회	담임 목회자	담임 목회자가 제시하는 기도 제목이나 소그룹에서 나온 중보 기도 제목을 놓고 함께 기도하고 마무리합니다.

6. MTS 일정

※ 한 과정별로 다음과 같이 진행되며, 8주가 끝나면 워크샵을 진행합니다(4과까지 있는 교재는 4주에 마치게 됩니다).

주	1주	2주	3주	4주	5주	6주	7주	8주	
교재	1과	2과	3과	4과	5과	6과	7과	8과	워크샵
과별 사역	각 과에 필요한 과 외 프로그램을 그때마다 진행합니다.								

※ 워크샵은 다음과 같이 진행할 수 있습니다(당일, 1박 2일, 2박 3일의 세 가지 프로그램 종류가 있습니다. 교회 상황에 맞게 선택한 후, 유동성 있게 조정하여 운영합니다. 1박 2일, 2박 3일 프로그램은 「실행 매뉴얼」에 제시됩니다).

워크샵 당일 프로그램

시간	순서	진행방법
10:00 – 10:50	예배	한 학교를 끝내게 된 것에 대해 감사예배를 드립니다. 찬양을 10분 정도 드린 후, 약 40분 정도 예배를 드립니다.
10:50 – 11:00	휴식 및 광고	잠시 쉬면서 오늘 일정에 대해 광고합니다.
11:00 – 12:00	1차 복습(1–4과)	한 과당 15분 정도로 복습합니다. 배운 핵심 내용을 완벽하게 익힐 수 있게 합니다.
12:00 – 1:00	식탁 교제	함께 식사하며 교제를 나눕니다.
1:00 – 1:30	휴식 및 찬양	식사 후 잠시 휴식시간을 갖고 오후 일정에 들어가기 10–15분 전부터 찬양을 시작합니다. 찬양과 함께 다음 순서를 시작합니다.

1:30 – 2:30	2차 복습(5–8과)	한 과당 15분 정도 복습 시간을 갖습니다. 배운 핵심 내용을 완벽하게 익힐 수 있게 합니다.
2:30 – 2:40	휴식	소그룹 모임을 위해 자리 이동을 합니다.
2:40 – 4:00	소그룹 간증	배운 내용을 적용하고 실천하는 것과 관련하여, 소그룹 구성원끼리 간증을 나눕니다. 대그룹 간증 시간에 대표로 발표할 구성원을 선정합니다.
4:00 – 4:10	휴식	쉬면서 다시 대그룹 모임을 위해 자리 이동을 합니다.
4:10 – 5:30	대그룹 간증	소그룹의 대표가 나와서 소그룹 간증 때 나누었던 간증을 발표합니다. 소그룹 내에서만 나누었던 간증을 모두가 함께 공유할 수 있습니다. 이때 발표만 할 것이 아니라, 질문이나 조언 등도 함께 나눌 수 있게 합니다.
5:30 – 7:00	식탁 교제(파티)	점심때보다 긴 시간을 할애하여 파티를 엽니다. 한 학교를 마치는 동안 수고한 것을 서로 격려하는 자리를 갖습니다.
7:00 – 8:00	결단의 시간 및 예배	마무리하는 예배를 드리고 예배 끝 부분에 결단의 시간을 갖습니다. 결단 목록을 미리 준비하여 함께 읽는 시간을 갖습니다. 결단 목록은 실행 매뉴얼에 제공됩니다.

MTS 개정판 매뉴얼

오늘 우리는...

이 과의 전체 학습 목표와도 같습니다.
이 과를 통해 궁극적으로 알아야 할 것이 무엇인지를 먼저 파악할 수 있게 합니다.

마음 문 열기

이 과의 학습 내용과 관련된 예화가 제시됩니다.
이어질 학습 내용을 이야기를 통해 먼저 쉽게 접할 수 있습니다.

여기서 잠깐

예화를 읽고 나서 생각을 스스로 점검할 수 있게 해주는 질문이 마련되어 있습니다.
잠깐의 묵상을 통해 좀 더 진지하게 학습 내용에 임할 수 있게 합니다.

배움과 익힘

본격적인 학습 내용이 제시되어 있는 공간입니다.
중제목(1, 2, 3...)과 소제목(가, 나, 다...) 틀 안에 반드시 알아야 할 내용이 정리되어 있기 때문에 누구나 쉽게 학습할 수 있습니다. 또한 학습 내용을 뒷받침해 주는 성구들이 삽입되어 있습니다.

더불어 나눔

이 과를 공부하고 난 후, 소그룹 구성원과 나눌 수 있는 질문과 묵상 및 결단들이 제시되어 있습니다.
배운 내용을 토대로, 혹은 각자의 경험에 기반하여 솔직하게 대화할 수 있습니다.

마음 밭에 심기
- 주제 말씀 암송

배움과 익힘에 나온 여러 성구 중, 대표적이면서도 특별히 기억하면 좋은 성구가 제시되어 있습니다.
주제 말씀 암송과 더불어 말씀대로 실천하고자 노력한다면 이 과를 더욱 풍성히 삶에 적용할 수 있을 것입니다.

마음에 새기기

이 과에서 다루어진 내용을 최종적으로 점검할 수 있는 공간입니다.
배움과 익힘의 내용이 중제목, 소제목별로 한 두 문장씩 정리가 되어 있기 때문에 복습하기에 유리합니다.

참고문헌 및 추천도서

참고했던 도서와 추가로 참고하면 좋은 도서들이 제시되어 있습니다.
개인적으로 공부를 더 하고자 할 때 도움이 됩니다.

Contents

제1과

가정에 대한 이해

오늘 우리는...
- 이 과를 통해, 성경이 말하는 가족의 의미와 가정이 가져다 주는 유익에 대해 알게 됩니다.
- 이 과를 통해, 가족이 감당해야 할 사명에 대해 알게 됩니다.

마음 문 열기

어느 동네에 두 가정이 이웃해 살고 있었습니다. 한 집은 시부모를 모시고 사는 대가족이었고, 한 집은 젊은 부부만 사는 단란한 가족이었습니다. 그런데 이상하게 대가족을 이룬 가정은 항상 화목하여 웃음꽃이 피는데, 부부만 사는 가정은 항상 싸움이 잦았습니다. 그래서 젊은 부부는 이웃집의 화목한 모습을 보면서 '왜 우리는 둘만 사는데 매일 싸우고 이웃집은 여럿이 사는데도 저토록 화목한 것일까?' 하고 의문을 가졌습니다.

어느 날 젊은 부부는 이웃집을 찾아가 그 이유를 물어봤습니다. 그리고 가정이 화목한 비결을 알려달라고 했습니다. 이웃집 주인은 대답했습니다. "아, 그것은 우리 가족이 모두 바보들이기 때문

이죠! 오늘 아침에 있었던 일이에요. 내가 출근하다가 물을 엎질렀어요. 그때 나는 아내에게 나의 부주의로 물을 엎질러 미안하다고 하며 용서를 청했지요. 그랬더니 아내는 '아니요. 제가 생각이 모자라 물그릇을 그곳에 놓아두었으니 제 잘못이에요.' 하며 나에게 용서를 청하는 거예요. 그러자 옆에 계시던 저의 어머니께서는 '아니다, 내가 그것을 보고도 그대로 두었으니 내 잘못이다.' 라고 하시지 뭡니까. 하하! 이렇게 서로가 서로를 위해 바보가 되려고 하니 싸움을 할 수가 없습니다."

젊은 부부는 이웃집의 이야기를 듣고 크게 깨달음을 얻었습니다. 그리고 그 교훈을 기억하며 화목한 가정을 이루며 살았습니다.

여기서 잠깐

가정의 화목이 환경을 초월하는 이유는 무엇입니까?

배움과 익힘

1. 가정의 성경적 의미

가정은 일반적으로, '결혼으로 맺어지거나 부모나 자식과 같이 혈연, 입양으로 이루어지는 집단'이라는 의미를 갖습니다. 이러한 가정은 성경적인 관점에서 보면 다음과 같은 의미를 가지고 있습니다.

가. 하나님이 세우신 가정

하나님께서는 태초에 천지를 창조하시고 인간을 만드셨습니다. 그리고 가정을 이루어 주셨습니다. 그러므로 가정의 설계자는 하나님이십니다. 가정의 출발점인 결혼은 인간이 만든 제도가 아니라 하나님께서 인류의 조상인 아담과 하와를 통해 이루신 거룩한 제도입니다. '혼자'가 아닌 '함께' 살도록 하나님께서 직접 세우신 공동체입니다. 즉, 가정이라는 존재 자체가 하나님의 뜻이며, 창조 사역의 일부입니다.

> 여호와(야훼) 하나님이 아담에게서 취하신 그 갈빗대로 여자를 만드시고
> 그를 아담에게로 이끌어 오시니 아담이 이르되
> 이는 내 뼈 중의 뼈요 살 중의 살이라 이것을 남자에게서 취하였은즉
> 여자라 부르리라 하니라 이러므로 남자가 부모를 떠나
> 그의 아내와 합하여 둘이 한 몸을 이룰지로다 창세기 2:22-24

나. 인류 최초의 공동체

아담과 하와를 중심으로 세워진 가정은 인류 역사상 최초의 공동체입니다. 가정은 이 세상의 많은 공동체 중에서도 기본이 됩니다. 그러므로 가정은 공동체의 출발점이자 시작입니다. 가정이 바로 서야 모든 것이 바로 설 수 있습니다. 가정이 회복되고 건강해야 개인은 물론 사회와 나라가 건강해집니다.

다. 천국의 거울인 가정

하나님이 함께하시는 곳은 그 어디나 천국입니다. 하나님은 하나님의 자녀가 이 땅에서 천국을 경험하며 살기를 원하십니다.

> 또 여기 있다 저기 있다고도 못하리니
> 하나님의 나라는 너희 안에 있느니라 누가복음 17:21

천국을 경험할 수 있는 가장 작은 단위의 공동체가 바로 가정입니다. 하나님께서는 가정을 통해 행복과 기쁨을 누리게 하셨습니다. 그 결과, 우리는 세상에 살면서도 가정을 통해 천국의 일부를 맛볼 수 있습니다.

2. 가정의 유익

가. 생명력을 공급

가정은 '집'이라는 공간을 기반으로 형성되어 있습니다. 가족은 집 안에서 동거하면서 휴식을 갖고 회복을 누릴 수 있습니다. 하루 종일 일터와 사회에서 에너지를 쏟아도 집으로 돌아오면 안정되고 편안한 휴식을 통해 새로운 활력을 공급받을 수 있기 때문입니다. 즉, 가정은 함께 더불어 살아가면서 생명력을 얻는 곳입니다.

나. 정서적 안정감 제공

가족은 부모와 자녀같이 혈연관계, 혹은 부부와 같이 사랑을 통해 맺어진 관계로 결합되어 있습니다. 그 안에서는 다른 공동체를 통해서 경험할 수 없는 사랑과 위로를 경험할 수 있습니다.

다. 역할 수행을 통해 서로 도움

가정 안에는 소위 식구(食口)라고 불리는 가족구성원들이 있습니다. 가족구성원 각자에게는 맡겨진 역할과 책임이 있습니다. 가족은 역할과 책임을 다하여 서로 도움을 줍니다. 혼자서는 결코 할 수 없는 일들을 가정이라는 공동체 안에서는 능히 성취할 수 있습니다.

> 한 사람이면 패하겠거니와 두 사람이면 맞설 수 있나니
> 세 겹 줄은 쉽게 끊어지지 아니하느니라 전도서 4:12

3. 가정의 사명

가. 예배하는 가정

가정은 가족을 만들어 주신 하나님과 관계를 바르게 맺어야 합니다. 개인만이 아니라, 가족 모두가 하나님을 섬기고 믿음을 지킬 때 온전한 가정이 될 수 있습니다. 신앙은 선택이 아니라 가정의 최우선적 사명입니다. 가정은 하나님과의 관계를 유지할 때만이 최고의 가치가 있습니다.

> 내가 그로 그 자식과 권속에게 명하여 여호와(야훼)의 도를 지켜
> 의와 공도를 행하게 하려고 그를 택하였나니
> 이는 나 여호와(야훼)가 아브라함에게 대하여 말한 일을
> 이루려 함이니라 창세기 18:19

나. 서로 한 몸이 되는 가정

1) 서로 존중하기

가족구성원은 모두 하나님의 형상을 입은 존재이므로 상대방을 서로 존중해야 합니다. 모두가 하나님의 사랑받는 존재, 특별하게 지음받은 피조물임을 생각하면서 내 몸을 대하듯 해야 합니다.

2) 서로 이해하기

가족구성원의 고민, 생활의 형편, 마음 상태, 건강 등을 헤아리려고 노력해야 합니다. 무엇보다 상대방을 이해하는 것은 나보다 남을 낫게 여기고 섬기는 마음이 있을 때 가능합니다.

> 아무 일에든지 다툼이나 허영으로 하지 말고
> 오직 겸손한 마음으로 각각 자기보다 남을 낫게 여기고 빌립보서 2:3

3) 서로 협력하기

서로를 이해하면 긍휼한 마음을 가지게 되고 협력할 마음이 생깁니다. 문제가 생겼을 때나 큰일을 앞두었을 때 가족이 한마음이 되어 해결해 나가고자 노력해야 합니다. 가족끼리 협력한다는 것은 십자가를 서로 나눠진다는 의미이기도 합니다.

무엇보다 기억해야 할 것은 우리 가정에서 협력의 원동력은 성령님이시라는 사실입니다. 성령님의 인도를 따라 나간다면 세상에서 이룰 수 없는 협력을 이끌어낼 수 있습니다.

4) 서로 용서하기

공동체가 유지되려면 구성원들과의 사랑과 용서가 있어야 합니다. 인간은 부족한 존재이기에 피를 나눈 부모 자식이나 사랑으로 결합된 부부간에도 다툼과 불일치가 생기기 마련입니다. 이때 하나님께서 우리의 죄를 용서해 주신 것을 떠올리며 '내가 먼저 용서하는 마음'을 가져야 합니다. 특히 온전한 용서 없이 말로만 화해하고 사랑한다고 말하는 것은 무의미합니다. 진정으로 상대의 잘못을 받아들일 때, 가정이 건강하고 화목해 질 수 있습니다.

다. 질서를 세우는 가정

가정이 지켜야 할 질서는 계급적인 질서가 아닙니다. 하나님께서 주신 역할에 따른 질서입니다. 부모가 자녀를 양육하고 보호할 책임이 있다면, 자녀는 부모에게 순종해야 합니다.

> 또 아비들아 너희 자녀를 노엽게 하지 말고
> 오직 주의 교훈과 훈계로 양육하라 에베소서 6:4
>
> 자녀들아 모든 일에 부모에게 순종하라
> 이는 주 안에서 기쁘게 하는 것이니라 골로새서 3:20

오늘날 가정의 질서가 무너지고 있습니다. 그리스도인의 가정이 먼저 질서를 지켜 사회의 본이 되어야 합니다. 가정이 올바른 질서 위에 바로 설 때, 그 가정의 구성원이 국가와 사회에서 질서를 바로 세우게 됩니다.

라. 생육하고 번성하는 가정

가정은 인류가 존재하고 유지되는 뿌리가 됩니다. 하나님께서는 부부를 통해 자녀를 낳아 번성하게 하셨고 이것을 가정의 기본 원리가 되게 하셨습니다.

> 하나님이 그들에게 복을 주시며 하나님이 그들에게 이르시되
> 생육하고 번성하여 땅에 충만하라 창세기 1:28

하나님께서는 가정에서 부부가 자녀를 생산하는 것뿐만 아니라, 자녀가 하나님의 사람으로서 경건하게 자랄 수 있도록 돌보아야 할 책임이 있음을 말씀하셨습니다.

> 그에게는 영이 충만하였으나 오직 하나를 만들지 아니하셨느냐
> 어찌하여 하나만 만드셨느냐 이는 경건한 자손을 얻고자 하심이라
> 그러므로 네 심령을 삼가 지켜 어려서 맞이한 아내에게
> 거짓을 행하지 말지니라 말라기 2:15

마. 끝까지 함께 하는 가정

오늘날 가정 붕괴 현상이 심각합니다. 이혼과 별거로 인한 결손 가정이 늘고 있습니다. 또한 부모를 거역하여 가출하는 청소년들이 늘고 있습니다. 한번 세워진 가정은 끝까지 지켜져야 합니다. 가정은 하나님께서 세우신 것이므로 사람이 나누지 못합니다.

> 그러므로 하나님이 짝지어 주신 것을
> 사람이 나누지 못할지니라 하시더라 마가복음 10:9

형식적으로 가정이 유지되는 것은 진정한 지킴이 아닙니다. 가족 구성원이 집 안에 '함께 있다' 고 해서 '함께하는 것' 이라고 할 수 없습니다. 같이 살면서도 대화가 단절되거나 마음을 나누지 못한다면, 그 가정은 명목상의 가정일 뿐입니다.

더불어 나눔

1. 최근에 가정의 소중함을 느꼈던 기억을 떠올려 보고, 함께 나누어 봅시다.

2. 우리에게 가정을 허락하신 하나님께 감사하는 시간을 가져 보고, 각 가족 구성원에게 고마움을 표현할 것을 다짐해 봅시다.

마음 밭에 심기

주제 말씀 암송

여호와(야훼) 하나님이 아담에게서 취하신 그 갈빗대로 여자를 만드시고 그를 아담에게로 이끌어 오시니 아담이 이르되 이는 내 뼈 중의 뼈요 살 중의 살이라 이것을 남자에게서 취하였은즉 여자라 부르리라 하니라 창세기 2:22-23

마음에 새기기

가정은 하나님께서 세우신 공동체입니다

1. 가정은 하나님께서 직접 세우신 공동체입니다.
2. 아담과 하와를 중심으로 세워진 가정은 인류 역사상 최초의 공동체입니다.
3. 천국을 경험할 수 있는 가장 작은 단위의 공동체가 바로 가정입니다.

우리는 가정을 통해 다른 곳에서는 얻을 수 없는 유익을 누립니다

1. 가정은 회복을 가져다 주고, 생명력을 얻게 해줍니다.
2. 가정 안에서 다른 공동체를 통해서는 경험할 수 없는 안정감을 얻게 됩니다.
3. 가족구성원의 역할과 책임을 다하는 가운데 서로 도움을 받게 됩니다.

하나님께서 가정에 맡기신 사명이 있습니다

1. 가정은 하나님과의 관계를 유지할 때 온전한 가정이 될 수 있습니다.
2. 가정은 한 몸이 되어 서로 존중하고 이해하며 협력하고 용서해야 합니다.
3. 가정은 하나님이 주신 역할에 따른 질서를 잘 지켜야 합니다.
4. 부부를 통해 자녀를 낳고 자녀를 하나님의 사람으로 세워야 합니다.
5. 가정이 깨지지 않도록 끝까지 지켜 나가야 합니다.

제2과

행복한 부부가 되는 길

오늘 우리는...
- 이 과를 통해, 성경적인 부부의 모습에 대해 알게 됩니다.
- 이 과를 통해, 남편과 아내가 함께 노력해야 할 것과 각자 감당해야 할 역할에 대해 알게 됩니다.

마음 문 열기

미국의 32대 대통령 프랭클린 루스벨트는 젊은 시절 갑작스럽게 소아마비에 걸리게 되었습니다. 그는 다리를 쇠붙이에 고정시킨 채 휠체어를 타고 다녀야 했습니다. 정치가로서 한창 왕성한 활동을 하던 그는 깊은 절망감에 빠져 자신의 방에만 갇혀 지냈습니다.

그러던 어느 날, 며칠 동안 내리던 비가 그치고 하늘이 맑게 개었습니다. 루스벨트는 아내 엘레나의 권유로 휠체어를 타고 정원으로 산책을 나갔습니다. 그때 엘레나가 다정하게 말했습니다.

"비가 오거나 흐린 날 뒤에는 꼭 이렇게 맑은 날이 오지요. 당신도 마찬가지예요. 당신은 뜻하지 않은 사고로 다리가 불편해 졌지만, 그렇다고 당신이 달라진 것은 아무것도 없어요. 지금의 이 시

련은 더 겸손하게 맡은 일을 열심히 하라는 하나님의 뜻일 거예요. 여보, 우리 조금만 더 힘을 내요."

그 말을 들은 루스벨트는 이렇게 말했습니다.

"하지만 나는 불구자인데 그래도 당신은 날 사랑한단 말이오? 나는 당신에게 불편만 끼칠 뿐이오."

엘레나는 그의 손을 꼭 잡으며 대답했습니다.

"무슨 그런 섭섭한 말씀을 하세요? 그럼 내가 그동안 당신의 다리만 사랑했단 말인가요? 저는 당신의 모든 것을 사랑해요."

이 말은 열등의식과 패배감에 사로잡혀 있던 루스벨트에게 용기를 주었습니다. 그 뒤 엘레나의 말에 힘입은 루스벨트는 불구를 극복하고 예전보다 더 왕성한 활동으로 미국 대통령에 연속해서 네 번이나 당선되었습니다.

여기서 잠깐

부부간의 격려와 위로가 큰 힘으로
다가올 수 있는 이유가 무엇일까요?

배움과 익힘

1. 성경적인 부부의 조건

하나님께서는 모든 만물을 창조하시고 난 후에 아담과 하와를 통해서 가정을 만드셨습니다. 하나님께서 남녀를 만드시고 부부가 되게 하신 과정을 통해 성경적 부부의 기본 조건에 대해 알 수 있습니다.

가. 독립

성경적인 부부는 부모의 영향권 아래에서 독립한 부부입니다. 그러므로 결혼한 후에도 과도하게 부모에게 의존하는 것은 성경적이지 못할 뿐 아니라 현실적으로도 문제를 일으키는 원인이 됩니다.

> 이러므로 남자가 부모를 떠나 창세기 2:24

부모를 떠난다는 말은 단순히 '분가(分家)'의 의미만 있는 것이 아니라 하나의 독립된 인격체로서 스스로 삶을 책임지고 가정을 이끌 수 있는 위치에 선다는 뜻입니다.

나. 연합

배우자를 위해 자신을 헌신하고 조화를 이루는 것이 연합입니다. 부부가 서로의 단점을 용납하고 보완하여 한 몸을 이루기 위해 나아가는 것을 뜻합니다. 그러므로 부부는 하나님께서 짝지어 주신 것에 대한 결과로 육체적, 정신적, 정서적, 영적 차원에서 온전한 연합을 이루어야 합니다.

아내와 합하여 둘이 한 몸을 이룰지로다 창세기 2:24

그런즉 이제 둘이 아니요 한 몸이니
그러므로 하나님이 짝지어 주신 것을
사람이 나누지 못할지니라 하시니 마태복음 19:6

다. 돕는 배필

성경은 부부가 서로에게 돕는 배필이라고 말씀하고 있습니다. '돕는 배필'이란 '적합한 반려자', '응답하는 자', '보충해서 완전하게 하는 자', '하나님의 도움'이라는 의미를 가지고 있습니다. 그러므로 부부는 상대방의 필요를 채우고, 서로 받아들여야 합니다. 돕는다는 것은 상대방의 단점을 고치는 것이 아니라 보완하는 것입니다.

여호와(야훼) 하나님이 이르시되 사람이 혼자 사는 것이 좋지 아니하니
내가 그를 위하여 돕는 배필을 지으리라 하시니라 창세기 2:18

라. 친밀함

하나님이 맺어 주신 가정은 비록 허물이나 약점이 있더라도 친밀함이 깨져서는 안 됩니다. 서로에게 열려 있어야 하며, 오히려 그 약점을 통해 서로 보듬고 도울 수 있어야 합니다.

아담과 그의 아내 두 사람이 벌거벗었으나
부끄러워하지 아니하니라 창세기 2:25

2. 행복한 부부가 되기 위한 노력

가. 서로의 다름 받아들이기

부부는 서로 친밀한 관계이기 때문에 상대방을 나와 같은 사람으로 만들려는 경향이 있습니다. 이런 태도에서 가정의 불화가 생겨납니다. 하나님께서 남녀를 다르게 창조하신 이유가 있습니다. 서로의 차이를 인정할 때 행복한 부부의 첫 걸음이 시작됩니다.

나. 칭찬하고 격려하기

칭찬은 사람의 마음을 온유하게 하며, 인정받았다는 사실은 자존감을 높여 줍니다. 부부가 서로 존중하고 인정하고 칭찬할 때 서로의 상처가 싸매어지고 상대방의 가치를 높이는 힘이 되기도 합니다. 상대의 부족한 면을 들추어 흠을 내는 것보다 모자라는 것은 덮고 잘하는 것은 더욱 크게 칭찬함으로 서로가 건강한 자아상을 만들어 가도록 노력해야 합니다.

> 사람은 그 입의 대답으로 말미암아 기쁨을 얻나니
> 때에 맞는 말이 얼마나 아름다운고 잠언 15:23

다. 공통의 관심사 나누기

부부는 서로를 바라보는 것이 아니라 같은 방향을 함께 바라보며 나란히 걸어가는 사람들입니다. 그러므로 부부가 서로 하나될 수 있는 공통의 관심사를 가지는 것이 필요합니다. 공통의 관심사나 취미를 함께 할 때 서로의 모습을 발견하게 되고 가정의 행복을 더 크게

발전시켜 나갈 수 있습니다.

라. 서로의 공간과 시간 내어 주기

부부는 '따로', 또 '같이' 가는 존재입니다. 부부는 서로 하나가 된 몸이지만 그 이전에 독립된 인격체입니다. 그러므로 서로 혼자 있는 시간과 공간을 확보해 주어야 합니다. 그리고 배우자에게 너무 의지하지 않도록 하며 자신을 끊임없이 개발하여 인생의 의미를 다양하게 찾도록 해야 합니다.

마. 신체적 접촉

옛말에 "부부간에 논쟁이 일어날 분위기이면 손부터 잡으라."는 말이 있습니다. 신체적 접촉은 마음을 전달하여 상대방을 기분 좋게 해주고, 외로움을 없애주며, 두려움과 불안, 긴장감을 해소시켜 주기도 합니다.

바. 사랑을 표현하기

세월이 갈수록 사랑에 대한 지속적인 충전이 필요합니다. 결혼한 후로는 굳이 말로 표현을 하지 않아도 된다고 생각하지만, 이것은 잘못된 생각입니다. 남편과 아내도 여전히 남자와 여자이며,

사랑의 표현을 갈구합니다. 사랑은 표현을 통해 더욱 분명하게 실체로 다가옵니다.

3. 남편으로서의 역할

부부가 서로 노력해야 할 부분들이 있지만, 남편과 아내로서 특별히 감당해야 할 역할이 있습니다. 서로의 역할을 잘 감당할 때, 조화로운 부부로 살아갈 수 있습니다.

가. 희생적으로 사랑하기

부부는 사랑으로 결합된 존재이기에 서로 사랑해야 하는 것이 마땅합니다. 성경은 남편에게 예수님이 교회를 사랑하신 것처럼 아내를 사랑할 것을 권면하고 있습니다. 그 사랑은 바로 자신을 내어 놓는 희생적인 사랑입니다. 남편은 자신과 아내가 한 몸이라는 생각을 가지고, 마치 내 몸을 지키고 사랑하듯 아내를 지켜 주고 보호해야 합니다.

> 남편들아 아내 사랑하기를 그리스도께서 교회를 사랑하시고
> 그 교회를 위하여 자신을 주심 같이 하라 에베소서 5:25

나. 아내의 입장에서 생각하고 아껴 주기

남자와 여자는 신체적으로나 감정적으로나 분명히 다릅니다. 특히 감성적인 면에서 일반적으로 여성들이 더 섬세하고 민감합니다. 또한 남자에 비해 여자는 연약한 존재입니다. 남편은 자기 방식대로 아

내를 대하지 말고 아내의 입장에서 생각하고 사랑하도록 노력해야 합니다.

> 남편들아 이와 같이 지식을 따라 너희 아내와 동거하고
> 그를 더 연약한 그릇이요 또 생명의 은혜를
> 함께 이어받을 자로 알아 귀히 여기라
> 이는 너희 기도가 막히지 아니하게 하려 함이라 베드로전서 3:7

4. 아내로서의 역할

가. 기쁜 마음으로 순종하기

성경은 남편이 아내의 머리와 같다고 증거합니다. 아내들은 머리와도 같은 남편에게 기쁜 마음으로 순종해야 합니다. 하지만 이 순종은 남편에게 무조건 순종하는 것이 아니라 서로의 '신뢰' 가운데 나오는 '기쁨의 순종'을 의미합니다. 아내가 남편을 믿어줄 때 남편은 힘과 용기를 얻고 가장의 책임을 다하게 될 것이고, 아내는 그런 남편에게 기쁜 마음으로 순종해야 합니다.

> 이는 남편이 아내의 머리 됨이
> 그리스도께서 교회의 머리 됨과 같음이니
> 그가 바로 몸의 구주시니라 에베소서 5:23

나. 속사람을 단장하기

아내가 우선적으로 단장해야 할 것은 속사람입니다. 어질고 현명한 아내는 가정을 일으키고, 가정을 통해 사회를 바꾸는 역할을 할 수 있습니다. 그러므로 겉모습을 단장하는 것보다 좋은 인격을 가꾸는 일에 더 주력해야 합니다. 내면의 아름다움이야말로 전인적인 아름다움을 이끌어 냅니다.

> 어진 여인은 그 지아비의 면류관이나 욕을 끼치는 여인은
> 그 지아비의 뼈가 썩음 같게 하느니라 잠언 12:4

더불어 나눔

1. 행복한 부부가 되기 위해 아내로서, 남편으로서 할 수 있는 다른 방법, 또는 각자만의 방법이 있는지 살펴보고 함께 나누어 봅시다.

2. 최근 부부간에 다툰 경험이 있는지 생각해 보고, 배우자를 탓하기 전에 내가 잘못한 것은 없었는지 돌아보는 시간을 가집시다.

마음 밭에 심기

주제 말씀 암송

이러므로 남자가 부모를 떠나 그의 아내와 합하여 둘이 한 몸을 이룰지로다 창세기 2:24

마음에 새기기

하나님께서 남자와 여자를 만드신 과정 속에 성경적 부부의 기본 조건이 나타나 있습니다

1. 성경적인 부부는 부모의 영향권 하에서 독립해야 합니다.
2. 부부는 육체적, 정신적, 정서적, 영적인 차원에서 연합해야 합니다.
3. 부부는 상대방의 필요를 채우고, 서로 받아들여야 합니다.

부부는 행복한 관계를 이루기 위해 끊임없이 노력해야 합니다

1. 부부는 각자의 다름을 받아들이고 칭찬과 격려를 통해 서로를 세워 주어야 합니다.
2. 부부는 같은 마음을 품고 같은 방향을 바라보며 함께 나아가야 합니다.
3. 부부는 독립된 인격체로서 혼자 있는 시간을 갖고, 신체적 접촉과 적극적인 사랑 표현을 통해 서로의 마음을 나누어야 합니다.

남편으로서 감당해야 할 기본 역할과 자세가 있습니다

1. 남편은 예수님께서 교회를 사랑하신 것처럼 아내를 희생적으로 사랑해야 합니다.
2. 남편은 아내의 입장에서 생각하고 아껴 주어야 합니다.

아내로서 감당해야 할 기본 역할과 자세가 있습니다

1. 아내는 남편을 온전히 신뢰하고 기쁨으로 순종할 수 있어야 합니다.
2. 아내는 내면의 아름다움을 먼저 가꾸어야 합니다.

제3과

부모의 역할과 책임

오늘 우리는...

- 이 과를 통해, 부모의 역할과 책임에 대해 알게 됩니다.
- 이 과를 통해, 조부모의 역할과 책임에 대해 알게 됩니다.

마음 문 열기

감리교의 창시자 요한 웨슬리의 어머니인 수산나는 열아홉 명의 자녀를 두었습니다. 그중 아홉 명은 어릴 때 죽고 열 명의 자녀를 길렀는데, 요한 웨슬리는 열다섯 번째 아들입니다. 수산나는 자녀에게 끊임없이 경건함과 지혜, 사랑의 교육을 한 것으로 유명합니다. 한 번은 아이의 작은 습관을 고쳐 주기 위해 스무 번씩이나 같은 말을 반복하며 가르쳤습니다. 그러자 남편은 "당신의 인내심은 정말 놀랄만하군. 아이에게 똑같은 것을 스무 번씩이나 말하다니."라고 말하며 놀랐습니다. 그때 수산나는 아이의 머리를 쓰다듬으면서 이렇게 대답했습니다. "만일 내가 열아홉 번만 말했다면 나의 모든 노력은 수포로 돌아갔을 거예요."

그녀는 평소에도 엄격한 규율로 자녀를 양육했습니다. 첫째, 자녀가 한 살이 되면 회초리를 무서워하는 법을 가르쳤습니다. 둘째, 울더라도 소리 내어 울지 않고, 조용히 울도록 가르쳤습니다. 셋째, 울면서 떼를 쓰는 것을 절대로 용납하지 않았습니다. 넷째, 하루에 세끼 외는 다른 간식을 먹이지 않았습니다. 다섯째, 말을 배울 때 주기도문을 가르쳤고, 아침저녁으로 기도하게 했습니다. 여섯째, 자기 전에는 시편과 기도문을 읽게 하고, 아이들과 상담시간을 가졌습니다. 일곱째, 질서를 위해 형제간에는 존칭을 쓰게 하고 형은 동생을 돌보게 했습니다. 요한 웨슬리는 어머니의 이러한 양육 밑에서 하나님을 경외하는 믿음을 가진 위대한 신앙인으로 자라게 되었습니다.

여기서 잠깐

부모님의 가르침이 위대한 영향력을 끼칠 수 있는 이유가 무엇입니까?

1. 아버지의 역할

가. 가정의 영적 제사장 되기

하나님께서 아버지에게 '머리 됨' 의 권위를 주신 것은 가정에 대한 책임을 다하라는 의미입니다. 아버지는 가장으로서 가정의 총 책임자입니다. 가정을 위한 책임을 감당하기 위해 아버지는 경제적으로나 사회적으로 성공해야겠지만 무엇보다 가정의 영적 제사장으로서 성공해야 합니다.

영적 제사장의 역할을 한마디로 정리하면 '하나님이 원하시는 방향으로 가정을 이끌어 가는 것' 이라고 할 수 있습니다. 예수님을 섬기는 가정의 아버지는 무엇보다 하나님의 나라와 뜻이 가정 안에서 이루어지도록 힘써야 합니다.

나. 올바른 리더십 발휘하기

아버지는 가정의 가장으로서 리더십을 발휘해야 합니다. 리더십의 핵심은 하나님 중심으로 서는 것입니다. 그러므로 부모가 먼저 말씀과 기도로 무장하여 하나님의 말씀 앞에 바로 서는 신앙의 본을 보여야 합니다. 자녀는 아버지의 가르침만이 아니라, 아버지의 삶을 통해 하나님 안에서의 올바른 신앙과 삶을 본받고 자라게 됩니다. 이것이 아버지가 갖추어야 할 리더십입니다.

> 네가 호렙 산에서 네 하나님 여호와(야훼) 앞에 섰던 날에
> 여호와(야훼)께서 내게 이르시기를 나에게 백성을 모으라
> 내가 그들에게 내 말을 들려주어
> 그들이 세상에 사는 날 동안 나를 경외함을 배우게 하며
> 그 자녀에게 가르치게 하리라 하시매 신명기 4:10

다. 교훈과 훈계로 양육하기

아버지는 자녀를 교훈과 훈계로 양육하는 역할을 담당해야 합니다. 올바른 훈계는 하나님의 지혜로 자녀를 훈련하는 것입니다. 또한 훈계를 할 때에는 자녀의 수준과 성장 단계에 맞추어서 해야 하며, 아버지 자신의 노한 감정이 그 속에 포함되지 않도록 주의를 해야 합니다. 훈계에 진심어린 사랑이 담길 때 자녀는 상처받지 않습니다.

> 또 아비들아 너희 자녀를 노엽게 하지 말고
> 오직 주의 교훈과 훈계로 양육하라 에베소서 6:4

라. 인생의 모델을 제시하기

아버지는 자녀에게 끊임없이 모델을 제시해 주어야 합니다. 유년기의 자녀이든, 청소년기의 자녀이든 그에 맞는 바람직한 모델은 성장에 있어서 매우 중요합니다. 아버지에게 신뢰감을 갖고 있는 자녀라면 어느 누구보다도 아버지가 제시해 주는 모델을 따라 순종하며 자라게 됩니다.

마. 가족의 앞날을 위해 준비하기

아버지는 자녀에게 먹을 것과 입을 것, 거할 곳을 제공해야 하고, 또한 필요한 과정의 교육을 받게 해야 할 의무가 있습니다. 부모는 아이가 자라나 독립할 수 있을 때까지 필요한 것들을 공급해 줄 의무가 있습니다.

2. 어머니의 역할

가. 생명을 전수하기

어머니는 자녀를 낳는 역할, 곧 생명을 전수하는 역할을 감당합니다. 어머니는 뱃속에 태아가 생기는 순간부터 하나님이 주신 소중한 생명이자 하나님의 사람이라는 마음을 품고 태교와 출산에 정성을 다해야 합니다. 자녀를 낳을 수 있는 것이 얼마나 큰 영광인지를

기억해야 합니다.

> 내가 모태에서부터 주를 의지하였으며
> 나의 어머니의 배에서부터 주께서 나를 택하셨사오니
> 나는 항상 주를 찬송하리이다 시편 71:6
>
> 보라 자식들은 여호와(야훼)의 기업이요
> 태의 열매는 그의 상급이로다 시편 127:3

나. 보호하고 양육하기

아이를 낳는 것도 위대한 일이지만, 그 아이가 자신의 삶에 책임감을 갖고 올바르게 살아갈 수 있도록 보호하고 양육하는 것은 더욱 위대한 일입니다. 양육에서 가장 중요한 부분은 하나님의 말씀인 성경을 그들의 마음과 생활 속에 심어 주는 것입니다. 생활 속에서 하나님의 말씀을 가르치기에 가장 적합한 사람은 어머니입니다.

> 이는 네 속에 거짓이 없는 믿음이 있음을 생각함이라
> 이 믿음은 먼저 네 외조모 로이스와 네 어머니 유니게 속에 있더니
> 네 속에도 있는 줄을 확신하노라 디모데후서 1:5

다. 위로하고 격려하기

자녀를 올바로 이끌기 위해서 잘못했을 때는 따끔하게 야단을 쳐서라도 바로 가르쳐야 합니다. 이때 훈계와 위로가 조화와 균형을 이루어야 합니다. 아버지가 훈계하는 역할을 감당한다면, 어머니는 위

로해 주는 역할을 감당해야 합니다. 그럴 때 아이들은 잘못된 부분에 대해 야단을 맞더라도 울면서 위로해 주는 부모의 품안에서 평안을 되찾을 수 있습니다.

또한 자녀의 앞날을 위해 어머니는 끊임없는 격려로 다가가야 합니다. 어머니의 격려보다 더 큰 힘은 없습니다. 지혜로운 어머니는 자녀의 감추어져 있는 가능성을 격려를 통해 현실로 만듭니다.

> 어머니가 자식을 위로함 같이 내가 너희를 위로할 것인즉
> 너희가 예루살렘에서 위로를 받으리니 이사야 66:13

라. 전심으로 간구하기

아버지와 마찬가지로 어머니는 자녀를 위해 하나님께 간구해야 합니다. 우리의 기도는 땅에 떨어지지 않고 반드시 하나님 앞에 상달됩니다. 이런 믿음을 가지고 끊임없이 자녀를 위해 기도하는 일은 어머니의 그 어떤 일보다도 값지고 아름답습니다.

> 한나가 마음이 괴로워서 여호와(야훼)께
> 기도하고 통곡하며 서원하여 이르되
> 만군의 여호와(야훼)여 만일 주의 여종의 고통을 돌보시고
> 나를 기억하사 주의 여종을 잊지 아니하시고
> 주의 여종에게 아들을 주시면
> 내가 그의 평생에 그를 여호와(야훼)께 드리고
> 삭도를 그의 머리에 대지 아니하겠나이다 사무엘상 1:10-11

예수께서 돌이켜 그들을 향하여 이르시되 예루살렘의 딸들아 나를 위하여 울지 말고 너희와 너희 자녀를 위하여 울라 누가복음 23:28

3. 조부모 역할

조부모 역시 부모의 범주에 속합니다. 할아버지, 할머니는 자녀뿐만 아니라, 손자(녀)에게 중요한 영향력을 끼치는 역할을 합니다.

가. 가정의 역사를 이어가기

조부모는 다른 사람이 줄 수 없는 것들을 자손들에게 제공할 수 있는데 가장 대표적인 것이 가정의 내력을 가르쳐주는 일입니다. 조부모는 가정의 산 역사입니다. 그러므로 아이들이 어른 세대와 연대감을 가질 수 있도록 노력해야 합니다. 아이들은 가족에 대한 역사의식 속에서 바른 정체성을 가질 수 있습니다.

나. 더욱 특별한 사랑을 전해주기

아이들은 누군가가 자신을 무조건적으로 사랑해 주기를 기대합니다. 그러나 아버지와 어머니는 아무리 자녀를 사랑한다고 해도 항상 좋은 말만 해줄 수는 없습니다. 때로는 잘못된 길로 가지 않게 하기 위해 야단을 치거나 훈계해야 할 일도 있습니다. 항상 잘 해주고 싶어도 올바른 교육을 위해 조절을 해야 하는 것입니다.

그러나 할아버지와 할머니는 손자(녀)를 양육해야 하는 일차적인 책임을 갖는 것은 아니기에 부모보다 더 관대하게 그들을 대할 수 있습니다. 그런 면에서 조부모는 손자(녀)에게 특별한 사랑을 줄 수 있습니다.

다. 도덕적 가치관과 상황에 맞는 지혜 전수하기

대부분의 조부모들은 오랜 경륜으로 말미암아 분명한 가치관을 확립하고 있습니다. 그러므로 조부모는 손자(녀)에게 분명한 도덕적 가치관을 전수해 줄 수 있습니다. 또한 조부모는 다양한 상황에 맞게 어떻게 문제를 해결해야 하는지 지혜를 가지고 있습니다. 그러므로 어떤 일이 벌어졌을 때, 그 상황 속에서 어떻게 문제를 대처하면 되는지 직접 가르쳐줄 수 있습니다.

> 늙은 자에게는 지혜가 있고
> 장수하는 자에게는 명철이 있느니라 욥기 12:12

라. 영적인 역할 감당하기

신앙의 조부모는 영적인 면에서도 남다른 연륜을 가지고 있습니다. 영적인 경험도 더 풍부하고 신앙적으로 해줄 수 있는 조언도 많습니다. 신앙 안에서의 행동으로 직접적인 본이 되어줄 수도 있습니다.

> 네게 내가 애굽에서 행한 일들
> 곧 내가 그들 가운데에서 행한 표징을
> 네 아들과 네 자손의 귀에 전하기 위함이라
> 너희는 내가 여호와(야훼)인 줄을 알리라 출애굽기 10:2

더불어 나눔

1. 부모로서 자녀에게 하는 말 중, 자녀에게 가장 큰 기쁨을 줄 수 있는 말은 무엇일지 생각해 보고 나누어 봅시다.

2. 하나님께서 부모의 자리에 있게 하신 것이 얼마나 감사한 일이고, 부모가 자녀에게 어떤 책임감을 가져야 하는지 되새겨 보는 시간을 가져 봅시다.

마음 밭에 심기

주제 말씀 암송

보라 자식들은 여호와(야훼)의 기업이요 태의 열매는 그의 상급이로다 시편 127:3

마음에 새기기

아버지가 감당해야 할 역할이 있습니다

1. 아버지는 가정의 영적 제사장이 되어야 합니다.
2. 말씀과 기도로 무장하여 리더십을 발휘해야 합니다.
3. 하나님의 지혜를 받아 자녀를 책망하고 훈련해야 합니다.
4. 자녀가 올바로 믿음 안에서 성장할 수 있도록 성경적인 모델을 제시해 주어야 합니다.
5. 아버지는 자녀에게 먹을 것과 입을 것, 거할 곳을 제공하고, 필요한 교육을 받게 해주어야 합니다.

어머니가 감당해야 할 역할이 있습니다

1. 어머니는 자녀를 낳는 역할, 곧 생명을 전수하는 역할을 감당합니다.
2. 하나님의 말씀인 성경을 그들의 마음과 생활 속에 심어 주고 자녀를 보호해 주어야 합니다.
3. 훈계 받은 자녀를 위로로 감싸주고, 격려를 통해 가능성을 발휘하게 해주어야 합니다.
4. 자녀를 위해 기도하는 일은 어머니가 해주는 그 어떤 일보다도 값지고 아름다운 일입니다.

조부모의 역할도 중요하게 다루어져야 합니다

1. 가정의 역사를 전수해 주고 연대감을 느낄 수 있게 해줍니다.
2. 일차적 양육의 책임이 없으므로 부모가 줄 수 없는 특별한 사랑을 전해 줄 수 있습니다.
3. 도덕적 가치관과 다양한 상황에 맞는 지혜를 전수해 줄 수 있습니다.
4. 오랜 신앙생활의 경험을 토대로 영적인 조언을 해줄 수 있습니다.

제4과

부모공경의 길

오늘 우리는...

- 이 과를 통해, 부모공경의 의미와 중요성에 대해 알게 됩니다.
- 이 과를 통해, 부모공경하는 자에게 임하는 복에 대해 알게 됩니다.

마음 문 열기

빅토르 위고의 소설 가운데 나오는 이야기입니다. 프랑스 혁명 이후에 프랑스는 큰 혼란에 빠졌고 모든 백성이 빈곤에 허덕이고 있었습니다. 하루는 어느 한 부대가 숲길을 따라 이동하다가 한 젊은 병사가 세 아이와 한 여인이 길 가에 쓰러져 있는 것을 보았습니다. 그들은 굶주림에 지쳐 쓰러져 있었습니다. 병사는 안타까운 마음에 자신이 먹으려고 가지고 있던 빵 한 덩이를 그들에게 건네 주었습니다. 빵을 받아 든 여인은 그 빵을 세 조각으로 나누어 세 아이에게 나누어 주었습니다. 세 아이들은 정신없이 먹기 시작했고 그 모습을 본 여인은 매우 기뻐했습니다. 이 광경을 지켜보던 젊은 병사는 옆에 있던 상사에게 물었습니다. “저 여인은 배가 고프지 않은 모양이죠?" 이때 상사는 조용히 대답했습니다. "그게 아니라네. 배가 고프지 않아서가 아니라, 여자는 저 아이들의 어머니이기 때문이라네."

여기서 잠깐

부모에게 있어 가장 큰 기쁨은 무엇일까요?

배움과 익힘

1. 부모공경의 중요성

가. 부모공경은 하나님의 명령

하나님께서는 성경을 통해 부모를 공경할 것을 분명히 명령하십니다. 이것은 '하면 좋은 것, 안 하면 그만인 것' 이 아니라, 반드시 지켜야 할 하나님의 명령입니다. 특히 십계명에도 부모공경의 계명이 있습니다.

> 너는 네 하나님 여호와(야훼)께서 명령한 대로
> 네 부모를 공경하라 그리하면 네 하나님 여호와(야훼)가 네게 준 땅에서
> 네 생명이 길고 복을 누리리라 신명기 5:16

여기에서 '공경하다' 에 해당하는 '카베드' (כבד)는 '존경하다' , '영광되게 하다' 란 뜻을 가진 '카바드' 에서 파생된 단어입니다. 이 말이 성경에서 사용되는 경우는 두 가지입니다. 하나는 하나님을 경외하라고 명령할 때 사용되었고(잠언 3:9), 다른 하나는 부모를 공경하라고 명령할 때 사용되었습니다. 그러므로 부모를 공경하되 마치 하나님을 경외하듯이 섬겨야 합니다.

나. 부모공경은 부모의 은혜에 대한 보답

이 세상에서 부모의 은혜보다 더 크고 넓은 사랑은 없습니다. 부모는 우리를 낳아주셨고, 길러 주셨습니다. 양육의 과정 속에서 부모는 희생적인 사랑으로 자녀를 지켜 주고 가르칩니다. 심지어 자녀가 다 성장한 후에도 자녀를 위하는 마음은 변함이 없습니다. 자녀는 부모의 은혜를 잊어버리지 말고 보답해야 합니다.

> 만일 어떤 과부에게 자녀나 손자들이 있거든
> 그들로 먼저 자기 집에서 효를 행하여 부모에게 보답하기를 배우게 하라
> 이것이 하나님 앞에 받으실 만한 것이니라 디모데전서 5:4

2. 부모공경의 방법

가. 은혜를 깨닫고 감사하는 것

부모공경은 부모의 은혜를 깨닫는 것에서부터 시작합니다. 부모는 자녀에게 남들이 주지 못하는 엄청난 사랑을 베풀어 줍니다. 자녀를 위해서라면 희생조차도 보람으로 여깁니다.

그런데 일부 어떤 이들은 부모가 자신에게 특별히 해준 것이 없다며 감사하지 않습니다. 그러나 부모가 자신을 낳아준 것만으로도 은혜라는 사실을 기억해야 합니다. 우리가 하나님의 자녀가 되고 천국 백성이 될 수 있는 것은 부모가 생명을 전수해 주었기 때문입니다. 그

러므로 부모님의 은혜를 기억하고 되새겨야 합니다. 또한 말과 행동으로 그 감사를 표현해야 합니다. 이것이 부모공경의 기본입니다.

나. 부모의 말씀에 순종하는 것

부모공경은 자녀를 향한 부모의 말씀을 잘 듣고 순종하는 것입니다. 부모공경은 말로만 하는 것이 아니라 행함으로 따라가야 합니다.

> 자녀들아 주 안에서 너희 부모에게 순종하라
> 이것이 옳으니라 에베소서 6:1

부모의 말씀에 순종하기 위해서는 먼저 부모를 존경해야 합니다. 부모가 어떤 위치에 있든, 내 부모를 가장 존경하고 인정해 드려야 할 분임을 기억해야 합니다. 또한 부모가 나를 향해 주는 모든 것이 사랑에 의한 것임을 명심해야 합니다.

> 너를 낳은 아비에게 청종하고
> 네 늙은 어미를 경히 여기지 말지니라 잠언 23:22

다. 부모의 마음을 기쁘게 해드리는 것

부모를 공경한다면 부모의 마음을 기쁘게 해드려야 합니다. 내가 어떻게 생각하느냐보다, 어떻게 하면 부모의 마음을 편안하고 기쁘게 해드릴 수 있을지 늘 신경 써야 합니다.

특히 부모의 가장 큰 기쁨은 자녀가 잘 되는 것입니다. 부모는 자신이 성공하는 것보다 자녀의 성공을 더 기뻐합니다. 물론 성공은 단지 돈을 많이 벌거나 높은 위치에 올라가는 것만을 말하지 않습니다. 자녀가 부모 앞에서 행복한 삶을 사는 모습을 보여 주는 것이 바로 부모가 원하는 성공의 모습입니다. 가족이 화목하고 건강하며 형제간에 우애 있게 사는 모습 속에서 부모들은 평안을 얻을 수 있습니다.

> 의인의 아비는 크게 즐거울 것이요
> 지혜로운 자식을 낳은 자는 그로 말미암아 즐거울 것이니라
> 네 부모를 즐겁게 하며 너를 낳은 어미를 기쁘게 하라 잠언 23:24-25

라. 물질로 공경하기

부모는 자녀가 자라기까지 아낌없이 베풀어 줍니다. 그러나 부모의 나이가 들면 들수록 경제활동을 활발히 할 수 없게 되어 자녀들에게 의존하게 됩니다. 그러므로 성장한 자녀는 부모의 물질적인 필요를 늘 생각하고 공급해야 합니다.

부모를 진심으로 공경한다면, 물질의 쓰임이 자연히 따르게 되어 있습니다. 성경에서도 물질적으로도 부모를 섬길 것을 분명히 증거 하고 있습니다.

> 너희는 이르되 사람이 아버지에게나 어머니에게나 말하기를
> 내가 드려 유익하게 할 것이 고르반 곧 하나님께 드림이 되었다고
> 하기만 하면 그만이라 하고 자기 아버지나 어머니에게
> 다시 아무 것도 하여 드리기를 허락하지 아니하여 마가복음 7:11-12

마. 영적인 공경

믿지 않는 부모가 있다면 반드시 전도하여 예수님을 영접하게 해 드려야 합니다. 전도를 그 어떤 것보다 최우선 과제로 삼아야 합니다. 가장 위대한 부모공경은 부모가 예수 믿고 구원받아 천국 갈 수 있도록 인도해 드리는 것입니다.

> 나의 형제 곧 골육의 친척을 위하여 내 자신이 저주를 받아
> 그리스도에게서 끊어질지라도 원하는 바로라 로마서 9:3

만약 부모가 신앙생활을 한다면, 영적인 교제를 꾸준히 이어가고 중보기도를 통해 영적인 공경을 실천해야 합니다.

3. 부모공경의 유익

가. 장수하고 범사에 잘 되는 복

부모공경의 첫 번째 복은 이 땅에서 장수하는 것입니다. 이것은 십계명에도 분명히 명시되어 있습니다.

> 네 부모를 공경하라 그리하면 네 하나님 여호와(야훼)가
> 네게 준 땅에서 네 생명이 길리라 출애굽기 20:12

또한 부모의 말씀을 마음에 새기고 실천할수록 우리는 바른 길로 나아갈 수 있고, 우리의 삶은 더욱 풍요로워집니다. 부모는 우리를 보호하고 바른 길로 인도해 주기 때문에 부모를 공경하는 자는 자연히 범사에 잘 될 수밖에 없습니다.

> 내 아들아 네 아비의 명령을 지키며 네 어미의 법을 떠나지 말고
> 그것을 항상 네 마음에 새기며 네 목에 매라
> 그것이 네가 다닐 때에 너를 인도하며 네가 잘 때에 너를 보호하며
> 네가 깰 때에 너와 더불어 말하리니 잠언 6:20-22

나. 하나님을 섬기는 법을 배움

하나님은 눈에 안 보이기 때문에 하나님을 어떻게 섬기는지, 하나님의 사랑이 어떠한지를 깨닫기 어렵습니다. 그래서 부모와의 관계를 통해서 보이지 않는 하나님과의 관계를 더 온전하게 할 수 있습니다. 하나님은 우리의 아버지이시기 때문입니다. 부모의 조건 없는 사랑을

통해서 하나님의 사랑이 어떠한지를 간접적으로 이해할 수 있고, 부모의 은혜에 감사하여 보답하는 원리를 통해 하나님의 은혜에 감사하는 법을 배워갈 수 있습니다. 또한 자녀로 인해 기뻐하는 부모를 보면서 하나님을 기쁘시게 하는 방법도 알아갈 수 있습니다.

> 또 우리 육신의 아버지가 우리를 징계하여도 공경하였거든
> 하물며 모든 영의 아버지께 더욱 복종하며 살려 하지 않겠느냐 히브리서 12:9

다. 사회를 살리는 근간

오늘날 부정부패를 비롯하여 사회에 많은 문제가 나타나고 있습니다. 부모공경은 이러한 사회문제를 해결하는 근본적인 해결책이 됩니다. 부모를 공경하는 사람은 부모를 기쁘게 하려고 자신의 삶에 충실하려고 노력하기 때문에 어디에서든 예의를 다하는 모범된 행동을 하게 되고 결과적으로 좋은 영향력을 끼치게 됩니다.

> 내 아들아 네 아비의 훈계를 들으며 네 어미의 법을 떠나지 말라
> 이는 네 머리의 아름다운 관이요 네 목의 금 사슬이니라 잠언 1:8-9

더불어 나눔

1. 부모에게 감사했던 기억 중 가장 잊을 수 없는 것을 한 가지씩 나누어 봅시다.

2. 나의 부모를 만나게 하신 하나님께 감사드리는 시간을 가져 봅시다.

마음 밭에 심기

주제 말씀 암송

네 부모를 공경하라 그리하면 네 하나님 여호와(야훼)가 네게 준 땅에서 네 생명이 길리라 출애굽기 20:12

마음에 새기기

부모공경은 우리가 마땅히 해야 할 일입니다

1. 부모공경은 성경에 기록된 하나님의 명령입니다.
2. 우리는 부모로부터 은혜와 사랑을 입었으므로 보답하고자 노력해야 합니다.

부모를 공경하는 방법에는 다양한 것들이 있습니다

1. 부모의 은혜를 깨닫고 감사하는 것에서 부모공경이 시작됩니다.
2. 부모를 인정해 드리고 존경하며, 부모의 말씀에 순종해야 합니다.
3. 내가 잘 됨으로써 부모의 마음을 기쁘게 해드릴 수 있어야 합니다.
4. 물질로 부모를 섬길 수 있어야 합니다.
5. 믿지 않는 부모는 예수님을 믿게 해드리고, 믿는 부모와는 영적 교제를 나누어야 합니다.

부모공경은 우리 인생에 놀라운 유익을 가져다 줍니다

1. 하나님께서는 부모를 공경하는 자에게는 장수의 복과 범사에 잘 되는 복을 주십니다.
2. 부모공경을 통해 하나님 섬기는 방법을 더 구체적으로 배울 수 있습니다.
3. 부모를 기쁘시게 하기 위해 자녀는 자신의 삶에 충실하게 되고 이런 생활 태도가 건강한 사회를 만드는 기틀이 됩니다.

제5과

자녀양육의 방법

오늘 우리는...

- 이 과를 통해, 우리의 자녀에게 가르쳐야 할 것이 무엇인지 알게 됩니다.
- 이 과를 통해, 자녀에게 어떻게 신앙교육, 인격교육, 생활교육을 해야 하는지 알게 됩니다.

마음 문 열기

한국의 유명한 부흥사 신현균 목사의 일화입니다. 어린 시절 어머니의 손을 잡고 교회에 다니던 신현균 목사는 초등학교를 졸업한 이후부터 교회보다 세상으로 나가기 시작했고, 급기야 열일곱 살이 되었을 때에는 술집에 드나들기까지 했습니다.

하루는 만취해서 집에 들어왔는데, 아버지와 마주쳤습니다. 아버지는 아들을 멍이 들 정도로 두들겨 팼고, 아들은 아버지에게 반항을 하면서 매를 맞았습니다.

그 날 밤, 청년 신현균은 방에 쓰러져 잠이 들었습니다. 어머니는 물수건을 가져다가 아들의 상처 난 곳을 닦아 주었습니다. 그리고 눈물을 뚝뚝 흘리면서 아들 머리맡에서 무릎을 꿇고 하나님께

기도드렸습니다.

"오 사랑의 하나님 아버지! 저는 현균이가 하나님이 귀하게 쓰시는 종이 될 것을 믿고 기도해 왔습니다. 그런데 하나님 제 기도와는 달리 저렇게 다른 길로만 자꾸 빠져 가고 있으니 어떻게 된 일입니까? 하나님 제 아들의 심령을 붙잡아 주옵소서."

청년 신현균은 눈물의 기도소리에 잠이 깨었고, 눈감은 채로 어머니의 기도에 귀를 기울였습니다. 어머니의 기도는 계속 되었습니다.

"하나님 아직도 늦지 않았습니다. 현균이가 하나님의 사명을 분명히 깨닫고 돌아와 주님의 일꾼이 되게 해주옵소서. 그래서 이성봉 목사님 같은 훌륭한 부흥사가 되어서 팔도강산을 누비며 주의 복음을 전하기를 원합니다."

순간, 청년 신현균의 눈에서도 하염없이 눈물이 흘러내렸습니다. 그리고 나서 2년 후, 어머니와 함께 부흥회에 가서 성령 세례(침례)를 받고 변화되어 하나님의 종이 되었습니다. 어머니의 기도대로 훌륭한 부흥사가 되었습니다.

여기서 잠깐

어머니가 눈물로 드린 기도가
자녀의 마음을 움직일 수 있는 이유는 무엇일까요?

배움과 익힘

1. 신앙교육

가. 신앙교육의 적용 영역

1) 기도의 사람으로 키우기

규칙적인 기도 생활은 자동으로 주어지는 것이 아니라 훈련에 의해서 이루어집니다. 어린 시절에 배운 기도 습관은 어른이 된 후에도 남습니다. 부모는 자녀와 함께 모든 일에 기도하는 일부터 시작해야 합니다.

무엇보다 기도가 어려운 것, 형식적인 것이 아님을 가르쳐 주어야 합니다. 기도는 '하나님과 대화하는 것'임을 가르쳐 줌으로써, 기도를 통해 하나님과 친밀한 관계로 나아갈 수 있도록 도와야 합니다.

그의 귀를 내게 기울이셨으므로
내가 평생에 기도하리로다 시편 116:2

2) 말씀 안에 거하는 사람으로 키우기

성경은 지식만을 배우기 위한 교과서가 아닙니다. 성경은 하나님께서 어떻게 인간의 삶에 역사하시고 인도하셨는지를 기록한 하나님의 약속의 책입니다. 그러나 어릴 때는 말씀의 의미를 스스로 깨닫기 어려우므로 성경을 교과서로 학습하여 말씀을 가까이 하도록 가르쳐야 합니다. 처음에는 아이들이 성경을 교과서로 배우지만, 나중에는 그 말씀이 하나님의 거룩한 자녀로 살아가는 삶의 지혜와 지식이 됩니다. 지식적으로 받아들였던 말씀이 나중에 삶 속에서 실체가 되어 역사하게 되는 것입니다.

갓난 아기들 같이 순전하고 신령한 젖을 사모하라
이는 그로 말미암아 너희로 구원에 이르도록 자라게 하려 함이라
베드로전서 2:2

그러므로 부모는 자녀가 성경을 매일 읽는 습관을 기를 수 있게 안내해 주어야 하고, 성경에 담긴 이야기들을 자주 들려주어야 합니다.

3) 성령의 사람으로 키우기

자녀에게 성령님에 대해 올바로 가르치고, 성령을 의지하는 사람이 될 수 있도록 해야 합니다. 아무리 신앙교육을 열심히 시켜도 성령

님과 상관없이 산다면 형식적인 신앙인이 될 수 있습니다. 성령님을 인격적으로 만나면 삶이 변화되고 능력을 얻게 됩니다. 성령님과 함께할 때 하나님 앞에서 거룩한 삶을 살아가게 됩니다.

성령의 사람이 되는 것은 어려운 일이 아닙니다. 부모는 성령님이 어떤 분이신지, 어떤 사역을 하시는지를 성경을 통해 가르쳐야 합니다. 그러면 자녀는 성령님에 대한 지식적 이해를 통해 성령님과의 만남을 기대하게 되고 간구하게 됩니다. 성령님은 하나님께서 보내시는 선물입니다. 성령님은 인격적인 하나님의 영이십니다. 그러므로 성령님을 인정하고 환영하고 마음에 모시기를 소원하는 자에게 성령님은 그들을 만나 주시고 함께해 주십니다.

> 너희가 악할지라도 좋은 것을 자식에게 줄 줄 알거든
> 하물며 너희 하늘 아버지께서 구하는 자에게
> 성령을 주시지 않겠느냐 하시니라 누가복음 11:13

나. 신앙교육의 원리

1) 모범이 되어 동기 부여하기

하나님을 섬기며 그 말씀에 순종하는 삶이 그 어떤 행동보다 멋진 모습임을 깨닫게 해주어야 합니다. 신앙교육은 특히 본보기의 역할이 중요합니다. 부모가 말씀과 기도를 가까이하고, 하나님의 말씀에 따라 경건한 모습, 남을 돕는 모습, 정직한 모습 등을 보여 준다면, 자녀는 자연스럽게 그 뒤를 이어가게 됩니다.

2) 자녀를 위해 기도하기

기도는 자녀를 위하는 부모의 보이지 않는 섬김입니다. 부모는 성령님께서 자녀의 마음속에 늘 거하시고 역사하시도록 의탁해야 합니다. 성령님께서 역사하지 않으시면 부모의 어떤 노력도 열매 맺을 수 없기 때문입니다.

3) 자발적인 단계로 이끌어 주기

부모는 자녀에게 혼을 내거나 억지로 몰고 가는 방법으로 신앙교육을 해서는 안 됩니다. 자녀에게 방향을 제시하는 방식을 취해야 하고, 강제성 대신 하나님의 말씀을 명확히 그리고 자주 제시해 주어야 합니다.

2. 인격교육

가. 인격교육의 적용 영역

1) 지적 영역

훌륭한 행동을 하기 위해서는 옳은 행동의 기준을 배워야 합니다. 부모는 자녀가 성경을 통해 기독교적 세계관과 가치를 배울 수 있도록 해야 합니다. 그리고 하나님의 눈으로 세상을 바라보고 아끼고 사랑하고 이끌어 나갈 수 있도록 도와 주어야 합니다.

2) 정서적 영역

사람이 아무리 옳고 그름을 알고 있다고 해도 느낌이 없으면 행동할 수 없습니다. 정서적 영역은 아는 것과 행하는 것 사이를 연결하는 다리 역할을 합니다. 부모는 자녀가 세상을 사랑하시는 하나님의 마음을 닮아 타인의 고통을 함께 걱정하고 아파하며 더불어 살아가는 세상을 만들어갈 수 있도록 이끌어야 합니다.

3) 의지적 영역

대부분의 사람은 무엇을 해야 하는지를 알고 느끼면서도 행동으로 옮기는 데 실패합니다. 그래서 행동할 수 있도록 이끌어 주는 강력한 에너지인 의지가 필요합니다. 이를 위해 부모는 자녀가 세운 계획이나 결심을 행동으로 옮길 수 있도록 긍정적인 자극을 해주어야 합니다. 성경 말씀을 통해 깨닫거나 믿음을 실천하도록 결심했다면 반드시 행동으로 옮겨 행함이 있는 믿음을 가지도록 격려해야 합니다.

나. 인격교육의 원리

1) 자녀의 인격 존중하기

대부분의 어른들은 아이들이 미성숙하다는 이유로 무시하는 경우가 많습니다. 그러나 아이들을 하나의 인격으로 존중하는 자세로 대한다면 아이들의 태도도 달라질 것입니다.

2) 자녀의 자존감 세워 주기

긍정적인 자아를 가지고 있는 아이는 건강한 인격의 사람으로 자랍니다. 그러므로 부모는 자녀가 예수 안에서 건강하고 아름다운 자존감을 가질 수 있도록 도와야 합니다. 자녀가 무엇을 잘해서가 아니라 그 존재 자체만으로도 귀하고, 자신이 하나님과 부모로부터 풍성한 사랑을 받는 존재임을 깨닫도록 해주어야 합니다.

3) 공동체 활동 참여하기

개인주의적인 가치관이 만연해 지면서 공동생활을 기피하는 아이들이 늘고 있습니다. 사람의 인격은 다른 사람과 어울리고 부딪히는 과정 속에서 성숙을 경험하게 됩니다. 이웃, 학교 친구들과 적극적으로 어울리면서 다른 사람의 입장과 삶을 배우고 낮고 소외된 사람들과 약한 사람을 도울 수 있도록 따뜻하고 관심있는 부모의 지원이 필요합니다.

3. 생활교육

가. 생활교육의 적용 영역

생활교육은 삶의 자리에 다양한 곳에서 이루어져야 합니다. 그중 대표적인 것들에는 다음과 같은 것이 있습니다.

1) 생활습관

어린 자녀는 백지와 같아서 부모가 심어 주는 것이 그대로 전수됩니다. 자녀에게 감사하는 태도와 마음을 갖도록 할 때 감사의 열매가 더 많이 맺히고, 아침에 일찍 일어나는 습관을 심으면 적극적이고 규칙적인 삶의 자세로 건강하게 살아갈 것입니다.

2) 시간관리

시간은 모든 사람에게 공평하게 주어진 것이지만, 이것을 사용하는 방식은 사람마다 다릅니다. 자녀가 우선순위를 잘 선택하는 것과 시간을 효율적으로 사용하는 법을 지도해야 합니다.

3) 돈 쓰는 방법

자녀가 어려서부터 절약하고 저축하는 습관을 가질 수 있게 해주어야 합니다. 돈을 절약하는 것이 단지 나를 위한 것이 아니라, 다른 사람과 나누고 베푸는 삶을 살기 위해서임을 가르쳐야 합니다. 올바른 경제 개념을 통해 하나님이 주시는 물질을 잘 쓸 수 있도록 해야 합니다.

4) 교제

좋은 친구를 사귀는 것은 인생에 있어 매우 중요한 일입니다. '끼리끼리 모인다.'는 말처럼 친구는 자신의 모습을 비춰 주는 거울과 같습니다. 그러므로 친구들과의 모습에서 선한 말과 바른 행동을 보이며, 진실한 우정을 나눔으로 건강한 친구 관계를 만들어 갈 수 있도록 해야 합니다.

> 철이 철을 날카롭게 하는 것 같이
> 사람이 그의 친구의 얼굴을 빛나게 하느니라 잠언 27:17

나. 생활교육의 원리

1) 부모가 함께 지키기

자녀는 가족과 더불어 생활하기 때문에 부모의 습관을 닮게 됩니다. 가령, 부모가 일찍 자고 일찍 일어나고 규칙적인 식사를 한다면 자녀도 그 습관을 따라하게 됩니다. 그러므로 자녀가 가져야 할 습관이 있다면, 부모가 먼저 그 습관을 지키고 본을 보여야 합니다.

2) 칭찬과 책망의 조화

자녀가 올바른 생활 습관을 보일 경우에 그것에 대한 구체적인 칭찬을 해주어야 합니다. 반대로, 나쁜 습관과 행동을 취했을 때는 무엇을 잘못했는지 분명하게 말해 주고, 그 잘못된 행동에 대한 책망을 해야 합니다. 그럴 때 자녀는 옳고 그른 것, 좋은 행동과 나쁜 행동에 대한 기준을 배우고, 바른 습관을 가지도록 노력하게 됩니다.

더불어 나눔

1. 내가 가지고 있는 좋은 습관 중, 이것만큼은 자녀에게 꼭 물려 주고 싶다는 것이 있다면 함께 나누어 봅시다.

2. 자녀가 신앙 안에서 올바르게 성장하고 성숙할 수 있도록 성령님께 의지하면서 기도를 드립시다.

마음 밭에 심기

주제 말씀 암송

갓난 아기들 같이 순전하고 신령한 젖을 사모하라 이는 그로 말미암아 너희로 구원에 이르도록 자라게 하려 함이라

베드로전서 2:2

마음에 새기기

자녀에게 가장 먼저 가르쳐 주어야 할 것은 신앙입니다

1. 기도 습관, 성경 읽는 습관을 갖게 해주고, 성령님과 인격적으로 만나도록 인도해야 합니다.
2. 부모는 모범이 되어 신앙생활에 대한 동기를 부여해야 합니다.
3. 자녀를 위해 중보해 주고 억지가 아닌 자발적으로 신앙생활을 할 수 있게 도와야 합니다.

자녀를 위한 인격교육이 수반되어야 합니다

1. 인격교육은 지적, 정서적, 의지적인 영역을 통해 이루어집니다.
2. 바른 인격교육은 자녀의 인격과 자존감을 세우고 공동체 활동을 긍정적 영향을 끼치게 됩니다.

자녀를 위한 생활교육이 수반되어야 합니다

1. 생활습관, 시간관리, 경제활동, 교제하는 법 등을 가르쳐야 합니다.
2. 생활교육을 성공적으로 하려면 부모가 먼저 본을 보이고 칭찬과 격려를 해주어야 합니다.

제6과

가정의 신앙생활

오늘 우리는...

- 이 과를 통해, 가정의 신앙생활이 얼마나 중요한지 알게 됩니다.
- 이 과를 통해, 가정에서 함께 신앙생활 할 수 있는 것이 무엇인지 알게 됩니다.

마음 문 열기

1889년 같은 해에 두 아이가 독일과 미국에서 태어났습니다. 한 아이는 부모의 성격 파탄으로 부모에게 버려져 알콜중독자인 숙모 밑에서 자랐습니다. 부모에 대한 미움과 세상에 대한 원망을 가진 소년은 16세에 학교를 중퇴하고 가출하여 독일 군대에 들어갔고, 1933년 나치당의 당수로서 독일 국민의 절대영도자인 총통이 되었습니다. 그의 이름은 아돌프 히틀러로, 독일과 전 세계를 전쟁에 휘말리게 한 장본인입니다. 그 후 반세기가 지난 지금까지도 수많은 인류가 이 아이가 가졌던 부모에 대한 원한과 복수심으로 초래된 결과들로 인해 고통받고 있습니다.

다른 한 아이는 미국 텍사스에서 태어났습니다. 이 소년은 부모

의 사랑을 받으며 자라났습니다. 아버지는 소년에게 하나님을 두려워하라는 가훈을 전해 주었고, 가족 모두가 교회에서 가장 헌신된 봉사자로 이름이 높았습니다. 소년은 어른으로 성장한 뒤에도 어머니의 두 팔에 안겨 간곡하게 기도하던 매일 저녁의 일과를 기억하고 있었습니다. 이 소년의 이름은 드와이트 아이젠하워였습니다.

1944년 6월 6일 이들 두 명의 동갑내기는 유럽의 전투에서 대면했습니다. 11개월에 걸쳐 히틀러는 연합군 사령관 아이젠하워와 싸웠습니다. 히틀러는 1945년 4월 30일 지하 방공대피소에서 자살했고, 이 소식을 접한 전 세계는 박수갈채를 보냈습니다. 한편 아이젠하워는 1969년 80세에 평화롭게 눈을 감았고, 그의 죽음을 전 세계가 애석해 했습니다. 두 동갑내기 아이의 이야기는 부모가 아이에게 미치는 영향이 얼마나 큰 것인지를 대변해 주고 있습니다.

여기서 잠깐

그 어떤 공동체도 가정만큼의 기쁨과 평안을
줄 수 없는 이유는 무엇일까요?

배움과 익힘

1. 가정예배 드리기

가. 가정예배의 중요성

가정예배는 온 가족이 함께 예수 그리스도를 구주로 고백하는 시간입니다. 가정예배를 통해 자녀는 하나님께서 가족들과 함께하신다는 것을 알게 되고, 하나님께 예배드리는 방법을 배우게 됩니다.

> 만일 여호와(야훼)를 섬기는 것이 너희에게 좋지 않게 보이거든
> 너희 조상들이 강 저쪽에서 섬기던 신들이든지
> 또는 너희가 거주하는 땅에 있는 아모리 족속의 신들이든지
> 너희가 섬길 자를 오늘 택하라
> 오직 나와 내 집은 여호와(야훼)를 섬기겠노라 하니 여호수아 24:15

나. 가정예배 운영

가정예배는 강제성을 띄는 것보다는 가족이 즐겁게 참여하게 하는 것이 중요합니다. 가정예배는 가족이 하나님과 함께 교제하는 시간이라는 마음으로 임할 수 있게 인도해 주어야 합니다.

1) 시간과 순서 담당자 정하기

아침이나 저녁 중 가족이 모이기 좋은 시간으로 정합니다. 짧게라도 가급적 매일 드리는 것이 좋으며, 15-20분을 넘기지 않는 것이 좋

습니다. 또한 미리 사회자, 기도자 등을 정해 두어 책임감을 가지고 예배를 미리 준비할 수 있도록 합니다.

2) 말씀 나누는 시간

말씀을 나누는 방식은 가정마다 다르게 진행될 수 있습니다. 말씀을 돌아가면서 교독하는 방식이 있고, 대표자가 짧게 설교 형태로 메시지를 전하는 방식도 있습니다. 혹은 성경 교재나 매일 묵상할 수 있는 책을 선정하여 읽어 나가는 것도 좋은 방법입니다. 말씀을 읽을 때는 글을 읽을 줄 아는 어린 자녀에게도 기회를 주어서 예배 가운데 말씀을 접할 수 있게 해야 합니다.

3) 주의할 점

가족구성원 중에는 가정예배를 드리는 것을 부담스러워 하는 사람도 있을 것입니다. 그럴 때는 억지로 참여시키기보다는 가족이 서로 대화하고 교제하는 분위기로 자연스럽게 예배를 진행해 가는 것도 좋은 방법입니다. 또한 필요할 때는 성경을 암송한다거나 가족들이 함께 찬양하는 시간을 가진다거나 하는 특별 순서를 마련하는 것도 좋은 예가 됩니다.

2. 가족과 성경 공부시간 갖기

가. 가족 간 성경 공부의 유익

하나님 말씀은 지식을 알기 위해 배우는 책이 아닙니다. 그러나 진심으로 하나님의 말씀을 사모한다면, 성경에 기록된 기본적인 배경과 내용에 대해 익혀야 합니다. 성경 공부를 할 때 하나님께서 주시는 메시지도 쉽게 파악할 수 있기 때문입니다.

또한 주일예배 때 설교 말씀을 듣는 것만으로 성경 배우는 것을 그쳐서는 안 됩니다. 따로 성경을 배우는 시간을 마련해야 합니다. 요즘은 성경 공부를 전문적으로 시행하는 곳도 많지만 무엇보다 가족과 함께 성경 공부를 한다면 가족과의 교제가 말씀 안에서 이루어져 더 큰 유익을 가져오기 때문입니다. 그러므로 가정예배와 별개로 성경 공부 시간을 마련하는 것도 좋습니다.

나. 가족 간 성경 공부를 위해 주의할 점

오늘날 가정은 직장과 학교 여러 가지 이유로 가족과 함께할 시간을 갖기 어렵습니다. 특히 자녀가 일찍 독립을 하면 함께 성경 공부할 기회를 갖는 것은 거의 불가능해집니다. 그러므로 가급적 자녀가 어리고 부모의 보호 속에 있을 때 함께 성경 공부를 하는 것이 좋습니다.

3. 신앙적인 대화 시간 마련하기

가. 하나님을 의식하며 대화하기

아무리 허물없는 가족이라도 최소한의 예절을 지키고 보호해야 합니다. 가족끼리 편하다는 이유로 문제나 위기가 생기면 원망과 불평을 서슴없이 내뱉습니다. 그러나 말의 위력은 우리의 생각을 뛰어넘어 엄청난 파급을 일으킵니다. 그러므로 우리는 말 한 마디를 하더라도 하나님 보시기에 어떠할지를 생각해야 합니다. 가정에 위기가 올수록 하나님을 의지하며 서로 신뢰하고 상처를 입히는 말보다 위로하고 격려하는 말을 해야 합니다. 그럴 때 마음이 하나가 되고 말로 받았던 상처가 아물어지고 마음에 힘이 생겨 문제가 해결될 것입니다.

또한 가정 안에 경사스러운 일 혹은 작은 것이라도 기쁨을 가져다 주는 일이 생겼다면 서로 하나님께 감사하는 대화를 할 수 있어야 합니다. 그것이 하나님을 인정하고 모시는 가정의 모습입니다.

> 혀는 곧 불이요 불의의 세계라
> 혀는 우리 지체 중에서 온 몸을 더럽히고 삶의 수레바퀴를 불사르나니
> 그 사르는 것이 지옥 불에서 나느니라 야고보서 3:6
>
> 그러므로 생명을 사랑하고 좋은 날 보기를 원하는 자는
> 혀를 금하여 악한 말을 그치며
> 그 입술로 거짓을 말하지 말고 베드로전서 3:10

나. 신앙적인 나눔의 시간을 갖기

일반적으로 교회에서 신앙적인 대화를 나누는 것보다 가정에서 나눔의 시간을 갖는 것이 어색하거나 부끄러워하는 경우가 많습니다. 가정에서 서로의 장단점을 다 보고 생활 습관 등을 잘 알고 있기 때문입니다. 그러나 가족 안에서 허물을 인정하고 보듬어 하나님 안에서의 삶을 나눌 때 하나님의 진정한 위로를 받을 수 있고 우리의 연약한 믿음을 채울 수 있습니다. 이 사실을 기억하고 서로를 관심있게 살펴 영적인 대화를 자주 할 수 있도록 훈련해야 합니다.

굳이 시간을 내지 않더라도 밥을 먹을 때나 가정예배 중, 혹은 예배 직후의 짧은 시간이라도 대화를 유도하고 나누는 것이 중요합니다. 하루 동안 하나님께서 함께 해주셨던 크고 작은 일들과 지친 마음, 영적으로 깨달았던 일들을 나눌 때 가족들과의 사랑이 돈독해 지고 가족과의 비밀을 만들지 않고 서로가 깊은 영적인 교제를 나눌 수 있게 됩니다.

4. 가족 간 기도의 자리 마련하기

가. 한마음으로 기도하는 기회 갖기

가정 안에 어떤 문제나 위기가 생겼을 때는 가족이 단합하여 작정 기도하는 것이 필요합니다. 하나님께서는 우리가 한마음을 품고 연합하는 것을 기뻐하십니다. 가정이 한마음으로 하나님을 의지하고 기도하는 시간을 갖는다면 그 가정의 모습을 더욱 아름답게 보십니다.

> 보라 형제가 연합하여 동거함이
> 어찌 그리 선하고 아름다운고 시편 133:1

나. 중보기도 하기

자녀가 성장하여 각자의 생활을 가지다 보면 가족이 함께 모이기가 쉽지 않습니다. 그럼에도 가정이 하나 되게 할 수 있는 원동력은 기도입니다. 서로가 서로를 위해 기도한다면, 비록 몸은 멀리 떨어져 있어도 영적으로는 서로 하나 되는 것을 경험하게 됩니다.

바울은 순교하기 전에 그의 영적인 아들 디모데를 떠올리며 쉬지 않고 그를 위해 기도한다고 말했습니다. 비록 육신은 떨어져 있지만 기도를 통해 그들은 하나가 될 수 있었습니다. 가정에도 이러한 원리가 적용되어야 합니다.

> 내가 밤낮 간구하는 가운데 쉬지 않고
> 너를 생각하여 청결한 양심으로 조상적부터 섬겨 오는
> 하나님께 감사하고 디모데후서 1:3

5. 이웃을 사랑하는 가정

가. 가난한 이웃과 함께하기

신앙적인 가정, 성경적인 가정은 이웃에게 사랑을 나누는 가정입니다. 하나님께서는 가정의 공동체가 서로 사랑하고 이웃을 자기 몸과 같이 사랑하라고 명령하십니다.

> 너희가 만일 성경에 기록된 대로
> 네 이웃 사랑하기를 네 몸과 같이 하라 하신
> 최고의 법을 지키면 잘하는 것이거니와 야고보서 2:8

예수님께서 함께하시는 가정은 예수님의 삶을 본받아 살아가는 가정입니다. 예수님께서는 이 땅에 오셔서 소외된 자들을 찾아다니시며 그들을 위로하는 사역을 하셨습니다. 마찬가지로 우리의 가정도 가난하고 병들고 소외된 자들을 도와야 합니다. 내 가정의 어려움만 생각하지 말고 나보다 더 어려운 이웃을 찾아 도울 때 하나님께서는 그 가정에 큰 은혜를 내려 주십니다.

> 주라 그리하면 너희에게 줄 것이니 곧 후히 되어
> 누르고 흔들어 넘치도록 하여 너희에게 안겨 주리라
> 너희가 헤아리는 그 헤아림으로 너희도 헤아림을
> 도로 받을 것이니라 누가복음 6:38

나. 마음의 고통을 가진 이웃과 함께하기

오늘날에는 마음의 병을 안고 살아가는 사람들이 많습니다. 사회와의 단절과 여러 요인으로 우울증과 같은 마음의 고통을 겪는 사람들을 찾아가 위로해 주어야 합니다. 이를 위해서는 이웃이 평소에 어떤 상황에 놓여 있고 어떤 문제로 고통 받는지 늘 관심을 가져야 합니다. 그들과 함께 마음을 나누는 것만으로도 아픔을 덜어줄 수 있습니다.

> 즐거워하는 자들과 함께 즐거워하고
> 우는 자들과 함께 울라 로마서 12:15

더불어 나눔

1. 가정예배를 드리고 있다면 그 경험에 대해 나누어 봅시다.

2. 가정에 어려움이 있다면 가정의 주인이신 하나님께 온전히 맡기는 시간을 가져 봅시다.

마음 밭에 심기

주제 말씀 암송

만일 여호와(야훼)를 섬기는 것이 너희에게 좋지 않게 보이거든 너희 조상들이 강 저쪽에서 섬기던 신들이든지 또는 너희가 거주하는 땅에 있는 아모리 족속의 신들이든지 너희가 섬길 자를 오늘 택하라 오직 나와 내 집은 여호와(야훼)를 섬기겠노라 하니 여호수아 24:15

마음에 새기기

함께 가정예배를 드려야 합니다

1. 가정예배는 가족 전체가 그리스도를 주로 고백하는 시간입니다.
2. 가족끼리 교제하듯 즐겁게 예배에 참여하고 시간과 순서를 정하여 매일 드리는 것이 좋습니다.

가족과 함께 성경 공부시간을 가져야 합니다

1. 성경 공부는 말씀 안에서 가족이 서로 교제할 수 있게 해줍니다.
2. 자녀가 어릴 때부터 성경 공부시간을 갖는 것이 좋습니다.

가족끼리 신앙적인 대화시간을 마련해야 합니다

1. 가정 안에서 말 한 마디를 하더라도 하나님을 의식하며 대화해야 합니다.
2. 가정에서 신앙적인 나눔을 갖고 영적인 교제를 해야 합니다.

가족 간에 기도의 자리를 마련해야 합니다

1. 가정 안에 문제나 위기가 생겼을 때 가족이 단합하여 기도해야 합니다.
2. 중보기도를 통해 멀리 떨어져 있는 가정도 영적으로 하나가 될 수 있습니다.

우리 가정만이 아니라, 이웃을 품는 가정이 되어야 합니다

1. 예수님처럼 소외된 가정, 물질적인 어려움이 있는 가정을 도와야 합니다.
2. 마음의 병을 안고 있는 사람들에게 늘 관심을 갖고 위로해 주어야 합니다.

제7과

가정의 위기와 소통

오늘 우리는...

- 이 과를 통해, 오늘날 가정의 위기에 대해 되돌아보게 됩니다.
- 이 과를 통해, 가족관계 속에서 어떻게 소통해야 하는지 알게 됩니다.

마음 문 열기

남편은 바쁘다고 거들떠보지도 않고, 아이들도 공부에 쫓기기에 늘 가족에게 외면당한 채 불평만 하며 사는 여자가 있었습니다. 어느 날, 문 밖에 허름한 남자가 와서 문을 두드리며 구걸을 하였습니다. 여자는 "아직 일하실 만한 분이 무슨 구걸을 하세요?" 하며 냉정하게 돌아서 문을 세게 닫았습니다. 그러나 남자는 움직이지 않고 문 밖에 그대로 서 있었습니다. 여자는 겁이 났지만 큰 소리를 지르며 말했습니다. "빨리 가세요. 가지 않으면 남편을 부르겠어요."라고 말하자 남자는 조용한 목소리로 "아주머니, 가족은 집에 없을 것입니다. 아주머니 같이 모난 성격을 가진 사람과 함께 있는 것이 지옥일 테니까요."라고 말하고는 뒤도 돌아보지 않고 가 버렸습니다.

여자는 충격을 받았습니다.
"아주머니 같이 모난 여자……."

여자는 생각했습니다. '아. 그렇구나. 오늘 아침에도 나는 출근하는 남편에게 짜증을 냈고, 학교 가는 아이들에게도 잔소리와 불평을 늘어놓지 않았던가?'

여자는 아까 그 남자가 거지가 아니라 하나님께서 보낸 천사였음을 깨달았습니다. 여자는 자신의 모습을 반성하고 그동안 불평만 했던 자신의 모습을 바꾸기로 결심하였습니다. 그리고 불평의 말을 버리고 감사과 긍정의 언어를 쓰기로 결심하고 감사의 일람표를 적어 가족들에게 공개하였습니다. 엄마가 바뀌자 아이들은 가정에서 평안을 찾았고 아이들은 엄마와 대화하는 것을 즐거워하였습니다. 남편도 회사의 바쁜 일이 있어도 집에서 보내는 시간을 더 원했고 가족 간의 사랑도 더 깊어졌습니다. 엄마가 바뀌니 모든 가족이 변화되었습니다.

여기서 잠깐

가정을 변화시키기 이전에 나 자신부터
변화되어야 하는 이유는 무엇일까요?

1. 오늘날 가정의 문제와 해결점

가. 가정의 문제

1) 불안한 환경

현대 사회의 불안한 환경은 가정에도 큰 영향을 끼칩니다. 이것은 그리스도인 가정도 예외일 수 없습니다. 사회의 문제는 부부의 외도를 부추기고 폭력과 학대, 대화의 단절을 일으킵니다. 경제적인 문제는 가정의 붕괴를 야기합니다. 이런 환경에서 가정은 든든한 울타리가 되어 서로에 대한 신뢰를 가지고 가족구성원을 지켜 나가야 할 필요가 있습니다.

2) 자녀의 탈선

세대 간의 격차는 부모와 자녀 사이의 대화의 단절을 가져오게 됩니다. 대화의 단절은 자녀의 탈선을 불러일으키게 되고 더 나아가 사회문제로 이어지기까지 합니다.

자녀가 겉으로는 아무 문제없이 모범적으로 생활하는 것 같지만 친구간의 문제나 입시 제도 등을 통한 중압감 사이에서 마음의 고통을 받습니다. 이처럼 건강하지 못한 정신을 안고 살아가는 것 역시 더 큰 위험을 낳을 수 있는 요소입니다.

3) 개인주의

현대인들은 자기중심의 사고와 개인의 자유를 보장받으려는 성향이 매우 강합니다. 그래서 개인 시간과 자기 목표를 이루는 것에 더 큰 시간을 투자하며 살아갑니다. 그러므로 가족과의 대화나 함께하는 시간이 줄어들게 되고 가족과 마음을 나누지 못하는 문제가 종종 일어납니다.

나. 소통을 통한 문제 해결

가정의 위기는 올바른 소통이 이루어지지 않아서 오는 문제가 가장 크다고 볼 수 있습니다. 가족 간의 친밀한 관계는 소통이 원활할 때 가능해집니다. 그러므로 배우자나 자녀와의 효과적인 소통 방법을 배우고 실천하도록 노력해야 합니다.

2. 부부간의 소통

부부가 의사소통을 할 때에는 자신의 감정을 솔직히 드러냄과 동시에 배우자의 감정과 동기를 존중하는 대화가 필요합니다.

가. 지배보다는 존중하기

부부간에는 이해와 배려, 협력과 일치가 존재해야 합니다. 이를 위해서는 상대방의 존재를 나보다 낫게 여기며 존중하고 사랑할 수 있어야 합니다.

> 아내를 얻는 자는 복을 얻고
> 여호와(야훼)께 은총을 받는 자니라 잠언 18:22
>
> 아내들이여 자기 남편에게 복종하기를
> 주께 하듯 하라 에베소서 5:22

나. 상대를 바꾸기보다 나 자신을 바꾸기

사람은 지시받고 지적받는 것을 좋아하지 않기에, 지시와 지적은 오히려 상대방으로 하여금 거부감을 불러일으킵니다. 그러므로 갈등 상황에 부딪혔을 때에는 나 자신을 먼저 돌아보고 고칠 것은 없는지 살펴야 합니다.

그리고 상대방이 고쳐야 할 부분이 있다면 가르치거나 지적하듯이 말하는 것이 아니라, 부드러운 표현을 사용해 이야기해야 합니다.

> 유순한 대답은 분노를 쉬게 하여도
> 과격한 말은 노를 격동하느니라 잠언 15:1

다. 서로의 다름을 인정하기

부부는 서로 다른 두 인격과 다른 가치관을 가진 존재가 만나 관계를 형성하는 것입니다. 서로 다르기 때문에 갈등이 생기는 것은 당연합니다. 서로 다름을 인정할 때 서로의 모습을 보게 되고 원활한 소통이 이루어지게 됩니다. 그러므로 예수 그리스도 안에서 동일한 가치를 찾아 우선순위로 두고 나아간다면 이해와 협력이 가능해집니다.

> 모든 겸손과 온유로 하고 오래 참음으로
> 사랑 가운데서 서로 용납하고 에베소서 4:2

라. 말하는 것보다 듣기를 더 많이 하기

일반적으로 사람은 자신의 생각에 집착하여 타인의 말을 다 듣기 전에 말을 끊거나, 자신의 견해를 주장하는 경우가 있습니다. 이러한 행동은 부부간에도 커다란 문제가 되며 오해를 불러 일으켜 서로의 마음을 상하게 합니다.

> 사연을 듣기 전에 대답하는 자는
> 미련하여 욕을 당하느니라 잠언 18:13

부부가 서로 대화할 때는 먼저 말하기보다 상대방의 말을 주의 깊게 끝까지 들어 주는 것이 중요합니다. 듣는 중에 고개를 끄덕이거나 "알아요", "이해해요", "네"와 같은 말로 동의를 표현하는 것도 효과적인 대화를 이끌어 가는 방법이 됩니다.

> 내 사랑하는 형제들아 너희가 알지니 사람마다 듣기는 속히 하고
> 말하기는 더디 하며 성내기도 더디 하라 야고보서 1:19

마. 이타심에 근거하여 대화하기

부부가 대화할 때에는 자기중심적인 생각을 버리고 배우자의 입장과 생각, 마음을 고려한 대화를 해야 합니다. 그러기 위해서는 자신의 욕심과 정욕을 먼저 채우려 하기보다 배우자의 입장에서 서로에게 더 좋은 것을 이루어 가려는 노력과 이해가 있어야 합니다.

> 너희 중에 싸움이 어디로부터 다툼이 어디로부터 나느냐
> 너희 지체 중에서 싸우는 정욕으로부터 나는 것이 아니냐 야고보서 4:1

3. 부모 자녀 간의 소통

자녀를 이해하기 위해서는 많은 대화가 필요합니다. 동시에 대화의 중요한 수칙들을 알고 지켜 나가야 합니다.

가. 관심을 갖고 대화하기

대화는 언어 이전에 관심입니다. 자녀의 표정, 언어, 행동, 하는 일, 친구 관계, 취미, 특기 등에 기울여야 합니다. 이러한 관심은 대화를 풍성하게 하고 서로의 사랑을 확인할 수 있기 때문입니다.

나. 받아들이는 자세로 대화하기

대화의 기본은 상대의 말에 귀기울여 주는 것입니다. 자녀와 대화할 때 사랑스럽게 눈을 마주치고 고개를 끄덕여 준다면 자녀는 존중받는다는 생각에 마음을 열 것입니다. 무엇보다 어떤 대화든지 '있는 그대로의 너를 사랑한다.' 라는 마음으로 대화를 해야 합니다.

다. 말을 요약하여 다시 들려주기

자녀의 말을 잘 듣고 있다는 표시로 그들의 말을 요약해서 다시 말해 주면 대화에 도움이 될 수 있습니다. 이것을 '공감적 표현' 이라고 말합니다. 자녀는 부모가 자신의 말을 받아 주고 자신을 존중한다고 느낄 때 마음을 열고 대화할 수 있게 됩니다.

라. 따뜻함을 잃지 않기

표정도 언어입니다. 자녀와 대화할 때 공감하는 표정, 친밀감을 주는 표정을 보여 주어야 합니다. 간혹 대화중에 갈등의 상황이 발생될 때가 있는데 그때에는 더욱 따뜻한 표정을 보이도록 해야 합니다.

> 또 아비들아 너희 자녀를 노엽게 하지 말고
> 오직 주의 교훈과 훈계로 양육하라 에베소서 6:4

마. 스스로 판단하고 생각해 볼 수 있게 하기

대부분의 부모는 자녀의 이야기를 들을 때 성급하게 판단하여 조언과 충고를 하려고 합니다. 이럴 때 자녀는 하고자 하는 말을 더 이상 하지 않고 마음의 문을 닫아 버립니다. 부모는 명령이나 훈계의 말 대신 자녀의 마음의 거울이 되어 스스로 자신을 살피고 문제를 긍정적으로 해결하도록 이끌어 주어야 합니다.

바. 비교하는 말 하지 않기

자녀를 다른 사람과 비교하는 것은 자녀의 마음을 상하게 하고 큰 상처를 줍니다. 특히 다른 형제와 비교하면 편애한다는 마음에 그 아픔은 더욱 커집니다. 그러므로 자녀의 잘못을 꾸짖을 때는 자녀 한 사람만 두고 이야기하고, 절대 다른 사람들과 비교하여 말해서는 안 됩니다.

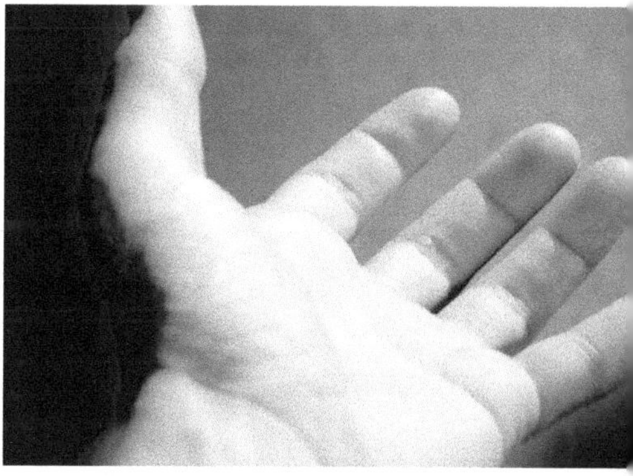

더불어 나눔

1. 내가 최근에 가족에게 자주 사용하는 말들은 무엇인지 나누어 보고, 그 말을 들었던 가족의 반응을 살펴봅시다.

2. 우리 가족이 하나님과 소통하고 가족 간에도 소통을 잘 이룰 수 있도록 간구하는 시간을 가져 봅시다.

마음 밭에 심기

주제 말씀 암송

모든 겸손과 온유로 하고 오래 참음으로 사랑 가운데서 서로 용납하고 에베소서 4:2

마음에 새기기

오늘날 사회문제들로 인해 많은 가정이 파괴되고 있습니다

1. 이혼과 별거, 자녀의 탈선, 개인주의 등의 문제들로부터 가정을 회복시켜야 합니다.
2. 가정의 문제를 줄이기 위해 올바른 소통을 하도록 훈련해야 합니다.

부부간에 소통할 때 주의해야 할 것들이 있습니다

1. 이기려고 하기보다는 이해와 배려, 협력과 일치를 우선시해야 합니다.
2. 지적하듯이 말하는 것이 아니라, 부드러운 표현으로 이야기해야 합니다.
3. 부부가 서로 다른 존재임을 인정함으로 서로의 가치관을 존중해야 합니다.
4. 상대의 주장에 더 귀 기울이고 끝까지 잘 들어 주어야 합니다.
5. 이기적인 마음을 버리고 이타심에 근거하여 대화해야 합니다.

자녀와 소통할 때 주의해야 할 것들이 있습니다

1. 평소에 자녀에게 관심을 가짐으로써 다양한 대화를 할 수 있어야 합니다.
2. 자녀를 존중하는 자세로 대화를 이끌어 나가야 합니다.
3. 자녀와의 대화에서 공감하는 자세를 가지고 깊은 대화를 이어 나가야 합니다.
4. 어떤 상황에서든지 따뜻하고 온화함으로 대화해야 합니다.
5. 자녀가 스스로 판단하여 문제를 해결할 수 있도록 도와야 합니다.
6. 다른 사람과 비교하지 말아야 합니다.

제 8과

가정 행복 학교 워크북

오늘 우리는...

- 이 과를 통해, 가족관계에 대해 더 많이 알아가는 방법들을 공유하게 됩니다.
- 이 과를 통해, 부부간에, 부모 자녀 간에 좀 더 친밀한 관계로 나아갈 수 있습니다.

마음 문 열기

독일의 철학자인 야스퍼스는 하이델베르크 대학을 다니던 때에 유태인 여인 게르투르트 마이어를 만났습니다. 두 사람은 첫 눈에 끌려 1910년에 결혼을 했고, 1921년에 야스퍼스는 모교에서 철학과 심리학을 가르치는 정교수가 되어 안정되고 행복한 나날을 보냈습니다. 그러나 1933년 나치가 정권을 잡으면서 시련이 닥치기 시작했습니다. 국가에서 유태인 아내를 둔 야스퍼스에게 아내와 대학 교수직 중 하나를 선택하라고 명령하였습니다. 영광스러운 독일의 대학에서 일하고 싶으면 유태인 아내와 이혼을 하라는 것이었습니다. 그때 야스퍼스는 "아내는 내 철학의 모든 것입니다. 아내 없이는 내 철학도 없습니다."라고 말했습니다. 결국 그는 독

일에서 강의나 저작 활동이 금지되었고, 여행도 자유롭게 할 수 없게 되었습니다. 그럼에도 불구하고 야스퍼스는 아내를 포기하지 않았고 결국 다른 나라로 망명할 결심을 했습니다. 친구들의 도움으로 어렵게 스위스 여행을 허락 받았지만, 독일 정부는 아내인 게르투르트가 독일에 남아 있어야 한다는 조건을 달았습니다. 이번에도 야스퍼스는 망명을 포기하고 아내와 함께 남기로 결심했습니다. 야스퍼스는 언제 비밀경찰이 찾아와 아내를 수용소로 끌고 갈지 몰라 늘 불안한 마음에 아내 곁을 지키며 힘든 시간을 보냈습니다. 8년 후, 나치 독일이 항복하자 야스퍼스와 게르투르투는 다시 행복을 찾게 되었습니다. 야스퍼스가 두 번의 양자택일의 갈림길에서 아내를 버렸더라면, 그는 사랑하는 아내도, 철학도 모두 잃었을 것입니다.

여기서 잠깐

환경이 어떠하든, 가족이 함께하는 것만으로도
큰 힘이 될 수 있는 이유는 무엇일까요?

배움과 익힘

1. 가정 건강지수 체크리스트

다음은 가정의 건강도를 측정하는 기본 질문들입니다. 여러분 가정의 건강지수는 얼마나 높은지 진단해 봅니다.

점검 내용	전혀 아니다	아니다	보통이다	그렇다	매우 그렇다
	1점	2점	3점	4점	5점
1. 우리 가족은 동일한 삶의 목표와 비전을 추구하고 있다.					
2. 나는 매일 가족들을 위한 기도를 빼놓지 않고 드린다.					
3. 우리 부부는 평소 충분한 대화 시간을 갖고 있다.					
4. 부부간에 갈등이 생겨도 그로 인한 후유증은 생기지 않는다.					
5. 평소 배우자와 나누는 육체적 사랑에 만족한다.					
6. 자녀의 친구나 담임선생님의 이름은 웬만큼 알고 있다.					

점검 내용	전혀 아니다	아니다	보통이다	그렇다	매우 그렇다
	1점	2점	3점	4점	5점
7. 가계 수입과 지출을 규모 있게 관리하고 있다.					
8. 양가 부모님을 자주 찾아뵙거나 아니면 안부 전화를 드린다.					
9. 신앙생활에 관한 한 가족구성원 간에 갈등이 없다.					
10. 우리 가정은 평소 다른 가정에게도 좋은 영향을 미치고 있다.					

※ 체크를 다 했으면, 각 문항마다 체크한 점수를 합산합니다.　점수 합계 (　　)점

점수	상태
41점 이상	가정의 건강을 잘 유지해 나가고 있다. 육체의 건강을 유지하기 위해서 지속적인 관리가 필요하듯 가정이 정서적으로도 건강을 유지하기 위해서 서로가 더욱 낮아지는 마음으로 서로를 섬기도록 한다.
31~40점	조금만 더 노력하면 훌륭한 가정이 될 것이다. 먼저 사랑하고 이해하려는 자세를 가져 본다. 지쳤다고 생각될 때 한 번만 더 가정에 관심을 준다. 한 번의 노력에 비해 놀라운 변화가 있을 것이다.
21~30점	가정생활에 어려움이 오지 않도록 지금부터라도 분발할 필요가 있다. 가정에 관심을 가지고 가정 모임을 적극적으로 만들어야 한다.
20점 이하	평소 가정생활에서 어려웠던 점은 없는지, 가정에 얼마나 관심을 가지고 있는지 심각하게 고민해 본다.

2. 부부에 대해 더 많이 알아가기

부부는 사랑으로 출발하여 누구보다도 친밀한 관계에 있는 사람들입니다. 에리히 프롬은 사랑은 보살핌, 책임, 존중, 지식으로 완성된다고 말했습니다. 이때 지식은 나 자신에 대한 관심을 넘어서서 상대방의 입장에서 배우자를 이해하는 것을 의미합니다. 내 배우자에 대해 아는 지식이 진정한 사랑을 위한 첫 걸음입니다.

가. 세 가지 소원 말하기

'세 가지 소원'을 말해 보십시오. 이것은 배우자에게 가장 바라는 것을 표현하는 것입니다. 솔직하게 상대에게 내 마음을 전달하고 자신의 부족한 점을 인정하는 시간을 만들어 보도록 합니다.

1) 아래에 상대방에게 원하는 세 가지 소원을 적어 봅니다.

①

②

③

2) 소원과 그 이유를 발표해 봅니다.

3) 내 배우자가 발표한 세 가지 소원을 적어 봅니다.

①

②

③

나. '내가 보는 나' vs '배우자가 보는 나'

각각의 설문에 자신 있게 '네' 라고 대답할 수 있을 때에는 ○표, 그렇지 않을 때는 ×표, 그럴 때도 있고 그렇지 않을 때도 있다면 △표를 합니다.

항목	체크
자신이 희생을 하면서까지 배우자의 필요와 소원을 채워 주고 싶어 하는가?	
자신이 원치 않는 것이라도 배우자가 요구하면 기쁘게 행하는가?	
배우자의 성격을 좋아하는가?	
배우자의 친구들을 좋아하는가?	
배우자와 공동 목표를 가지고 있으며 공동 이익을 나누고 있는가?	
자신의 소신을 배우자에게 자유롭게 표현하는가?	
배우자의 약점을 인식하면서도 배우자를 존경(사랑)하는가?	
배우자에게 성적 매력을 느끼는가?	
배우자를 닮은 자녀를 갖기 원하는가?	
배우자의 영적 생활에 영향을 줄 생동적인 믿음이 있는가?	
다른 사람에게 느끼지 못하는 영구적인 신뢰감을 배우자에게 느끼고 있는가?	

항목	체크
배우자와 함께 있고 싶은 마음이 점점 커지는가?	
배우자의 성공에 대해 순수한 긍지를 느끼는가?	
사고방식과 생활양식에 있어 배우자와 공통점이 있는가?	
자녀가 아버지(어머니)에 대한 존경심을 갖도록 도와 주는가?	
친정(시댁) 식구들이 배우자를 존경하도록 도와 주는가?	
다른 사람 앞에서 배우자가 자기보다 더 낫게 보이기를 원하는가?	
배우자의 말과 의견을 전적으로 신뢰하며 서로 숨기는 것이 없는가?	
배우자를 위해 기도하고 있는가?	

출처 : 심수명 저, 『진정한 한 몸을 세우기 위한 부부치료』, 서로 사랑, 2003.

O=5점 △=2.5점

※ 체크를 다 했으면, 각 문항마다 체크한 점수를 합산합니다. 점수 합계 ( )점

부부가 체크한 항목을 서로 바꿔보고 어떤 항목에 차이가 있는지, 그 이유가 무엇인지를 말해 봅니다.

다. 결혼생활의 걸림돌 해결하기

결혼생활의 걸림돌이 무엇인지를 알게 된다면, 그 문제를 해결하기 위한 방법을 세울 수 있게 됩니다. 각 질문에 대해서 A, B, C로 체크해 봅시다.

A = 문제된 적이 없다 B = 약간 문제가 된다 C = 늘 문제거리이다

항목	체크
1. 배우자와 함께 있으면 배우자의 성격 때문에 기가 죽는다.	
2. 서로의 다른 가치관으로 인해서 불편을 겪는다.	
3. 간혹 배우자가 왜 기분이 상했는지 잘 모를 때가 있다.	
4. 두 사람 사이에 문제가 생겨 토의하게 되면 말다툼으로 끝난다.	
5. 나의 배우자는 먼저 사과를 하지 않는 편이다.	
6. 자녀 양육에 있어 옳고 그른 것에 관해 서로 동의하지 않는다.	
7. 자녀의 미래에 대한 기대치가 서로 다르다.	
8. 자녀 체벌의 방법과 정도에 대해 견해가 일치하지 않는다.	
9. 자녀의 자유시간 활용에 대해 견해가 다르다.	
10. 자녀 양육 문제에 관해 자녀들 앞에서 충돌한다.	
11. 부모가 당신의 배우자를 좋아하지 않는다.	
12. 친척 중에 문제를 일으키든지 온 집안을 뒤집어 놓는 사람이 있다.	

항목	체크
13. 부부 둘 다 부모에게 재정적으로 기대고 있다.	
14. 배우자가 계속 당신 집안을 비난하든지 경멸한다.	
15. 요청하지도 않았는데 친척들이 충고를 해준다고 하며 부부 사이에 말썽을 일으킨다.	
16. 배우자가 당신의 외모, 몸무게, 얼굴에 대해 비난한다.	
17. 배우자는 정리정돈을 싫어한다.	
18. 배우자가 서로 의논하지 않고 돈을 쓴다.	
19. 배우자가 필수품보다 사치품에 돈을 너무 많이 쓴다고 생각한다.	
20. 배우자 간에 휴가의 장소와 방법에 대해 의견이 다르다.	
21. 타인 앞에서 사랑을 표현하는 태도에 대해 서로 불만스럽다.	
22. 당신이나 배우자는 이전의 탈선행위에 대해 마음에 두고 있다.	
23. 배우자가 당신의 친구를 좋아하지 않는다.	
24. 배우자가 가사에 무관심하다고 느낀다.	
25. 배우자가 자신의 삶이나 직장 문제들을 자기와 나누지 않는다.	
26. 세례(침례)나 교단과 같은 중요한 종교적 문제로 충돌한다.	
27. 교회에 함께 가지 않는다.	
28. 부부간에 함께 기도를 하거나 경건의 시간을 갖지 않는다.	
29. 배우자가 당신의 종교적 신념을 업신여긴다.	
30. 배우자는 당신이 종교에 무관심하다고 비난한다.	

1) 각 문항에 해당하는 번호에서 C가 체크된 개수의 합산을 구해봅니다.

	남편의 점수	아내의 점수
1) 문제 해결과 결정(1–5번)		
2) 자녀 양육(6–10번)		
3) 친족 문제(11–15번)		
4) 자기 관리, 외모(16–17번)		
5) 경제적인 면(18–20번)		
6) 친구 관계, 자아 성취(21–25번)		
7) 종교(26–30번)		

2) 전체 30문항 중 C의 개수는 몇 개입니까? (　　　)

8–10개 : 부부 역할만 하는 가정
21–22개 : 안정되지 못한 가정

3) 일곱 개의 항목 중 가장 큰 걸림돌이 되는 항목은 어떤 것입니까?

(　　　)

4) 각 문제에 대해서 토의해 봅니다. 서로 공격적이지 않은 언어로 대화하십시오. 문제점을 찾아낸 것은 성숙의 기회입니다.

3. 자녀 양육 형태 테스트

다음은 노먼 라이트와 렉스 존슨이 작성한 설문지로, 자녀에게 하는 언어들을 점검해 볼 수 있습니다. 이 설문지를 통해 부모는 자신의 자녀 양육 형태를 알 수 있습니다.

점검 내용	사용하지 않는다	보통이다	자주 사용한다
	1점	2점	3점
1. 잔소리하지 말고 꾸물대지 말고 지금 당장 가서 자.			
2. 약속을 어겼으니 규칙대로 오늘 저녁은 굶어야 해.			
3. 또 어겼구나! 어떻게 된 일인지 같이 이야기하자.			
4. 늦게 잤으니 늦게 일어날 수밖에 없지.			
5. 네가 한 번 해봐(네가 해결해). 나는 지금 시간이 없어.			
6. 닥치지 못해! 어른한테 대들어? 그래. 엄마, 아빠가 누구 때문에 이 고생하는 줄 알아?			
7. 아빠, 엄마는 할 일이 있어. 네 일은 네가 알아서 해봐.			
8. 뭐야, 좀 더 조심히 할 수 없어?			
9. 늦게까지 내버려 두고 싶지만 네가 잠을 못 자면 내 마음이 아프단다.			

점검 내용	사용하지 않는다	보통이다	자주 사용한다
	1점	2점	3점
10. 또 늦잠이야? 너는 매일 그 모양이니? (이유를 묻지 않는다)			
11. 우선 감정을 가라앉힌 다음에 이 일에 대해 의논하기로 하자.			
12. 참 공부하기 어렵지? 그것을 이겨야 해.			
13. 얘야, 식기 전에 밥 먹어라. 따뜻하게 먹어야 살로 가지.			
14. 너는 내가 바보같이 보이니? 아니 엄마 아빠가 허수아비로 보여?			
15. 또 걸렸구나? 이번에는 내가 도와주마. 그 다음에 더 좋은 방법이 없는지 생각해 보자.			
16. 제발 화 좀 내지 말아라. 못 견디겠다. 짜증 부린다고 해결되니?			
17. 이유 없다. 시키는 대로 해(하라고 하면 해!)			
18. 너는 결코 실수해서는 안 된다. 네가 책임을 지는 이상 네가 다 해.			
19. 네 친구들과 놀러 간다고 허락 받기 전에 먼저 어디로, 무엇을 하러 가는지 자세히 이야기해 주겠니?			
20. 좀 빨리 해라. 꾸물대면 엄마가 늦는다. 아니면 나중에 해.			

| 평가방법 |

합산하기	유형	점수
1, 2, 6, 17, 18번의 점수를 더합니다.	A	
5, 7, 8, 10, 14번의 점수를 더합니다.	B	
4, 12, 13, 16, 20번의 점수를 더합니다.	C	
3, 9, 11, 15, 19번의 점수를 더합니다.	D	

| 결과 |

A	독재형/율법주의형 자녀양육
B	무관심형/기분파형 자녀양육
C	과보호형 자녀양육
D	신뢰형 자녀양육

| 참고문헌 |

강준민 저, 『나의 사랑 나의 어여쁜 자야』, 두란노, 2002.

설은주 저, 『행복하고 건강한 가정 만들기』, 말씀과 만남, 2003.

이동원 저, 『가정행전』, 규장, 1998.

이영훈 저, 『모든 일을 사랑으로 행하라』, 서울말씀사, 2010.

이영훈 저, 『제자의 길』, 서울말씀사, 2010.

이영훈 외 공저, 『내 영혼의 멘토들』, 교회성장연구소, 2012.

정정숙 저, 『행복한 가정을 위하여 (정정숙 교수 상담 사례집1)』, 베다니, 1999.

조용기 저, 『행복한 가정을 이루기 위한 비결』, 서울말씀사, 2011.

주수일 저, 『행복한 가정 설계』, 국민일보 출판국, 2003.

파이디온선교회연구개발팀 저, 『행복한 가정과 자녀교육(부모와 자녀 4)』, 파이디온선교회, 1991.

게네게츠 저, 정광욱 역, 『가정은 작은 교회며 교회는 큰 가정입니다』, 만나, 1992.

돌로리스 큐란 저, 최도형 역, 『건강한 가정을 원하십니까?』, 엘맨, 1994.

찰스 스윈돌 저, 윤종석 역, 『행복한 가정의 탄생』, 디모데, 2010.

| **추천도서** |

※ 추천도서는 시간이 날 때 자유롭게 읽을 수 있도록 권장합니다.

혹은 소그룹별로 독서보고서를 써서 함께 나누는 방법도 좋습니다.

찰스 스윈돌 저, 윤종석 역, 『행복한 가정의 탄생』, 디모데, 2010.

MTS 가정 행복 학교

초판 1쇄 발행 2012년 12월 17일

지은이 이영훈
펴낸곳 교회성장연구소
편집인 이장석
편집장 노인영
기획 및 편집 박은혜 김태희 백지희
디자인 박진실
마케팅 이승조 문기현
MTS 사역 김미현 김세협 강지훈

등록번호 제12-177호
주 소 서울특별시 영등포구 여의공원로 101번지 CCMM빌딩 9층 901A호
전 화 02-2036-7912~3
팩 스 02-2036-7910
웹사이트 www.pastor21.net
MTS 전문몰 www.pastormall.net

ISBN 978-89-8304-210-1 04230

※ 책 가격은 뒤표지에 있습니다.
※ 잘못 만들어진 책은 바꿔 드립니다.